MINECRAFT

8. Auflage 2025
Copyright der deutschsprachigen Ausgabe

Valentinskamp 24 · 20354 Hamburg
info@harpercollins.de

Die englische Originalausgabe erschien 2021 unter dem Titel
„MINECRAFT – Creative Handbook“ bei Farshore.
An imprint of HarperCollins*Publishers*
1 London Bridge Street, London SE1 9GF

Written by Thomas McBrien · Designed by John Stuckey
Illustrations by Ryan Marsh · Production by Laura Grundy
Special thanks to Sherin Kwan, Alex Wiltshire, Kelsey Howard and Milo Bengtsson

This book is an original creation by Farshore

Übersetzt aus dem Englischen: Josef Shanel und Matthias Wissnet
Umschlag und Satz: Achim Münster, Overath
In Anlehnung an das englische Original
ISBN: 978-3-505-14448-6
Printed in Italy

MIX
Papier aus verantwortungsvollen Quellen
FSC® C005461

www.schneiderbuch.de
Facebook: facebook.de/schneiderbuch
Instagram: @schneiderbuchverlag

HINWEIS:
Alle Begriffe im Text beziehen sich auf die aktuelle Bedrock Edition.

ONLINE-SICHERHEIT FÜR JÜNGERE FANS

Online spielen macht Spaß! Um die Minecraft-Welt auch im Internet unbeschwert genießen zu können, solltest du ein paar Regeln beachten:

– Gib niemals deinen richtigen Namen an. Verwende ihn nicht als Benutzernamen.
– Mache niemals Angaben zu deiner Person.
– Erzähle niemandem, welche Schule du besuchst oder wie alt du bist.
– Vertraue niemandem dein Passwort an, außer deinen Eltern oder Erziehungsberechtigten.
– Für viele Webseiten musst du mindestens 13 Jahre alt sein, wenn du dort ein Benutzerkonto einrichten willst. Bitte deine Eltern oder Erziehungsberechtigten um Erlaubnis, bevor du dich registrierst.
– Wenn dich irgendetwas verunsichert, sprich mit deinen Eltern oder Erziehungsberechtigten darüber.

Jede der in diesem Buch aufgeführten Webseiten-Adressen war zur Drucklegung aktuell. Dennoch kann HarperCollins keine Verantwortung für den angebotenen Inhalt Dritter übernehmen. Bitte nehmen Sie zur Kenntnis, dass sich im Internet angebotene Inhalte ändern und nicht für Kinder geeignete Inhalte auf Webseiten auftauchen können. Wir empfehlen, Kinder zu beaufsichtigen, wenn diese das Internet benutzen.

MINECRAFT

DAS KREATIV-HANDBUCH

MOJANG STUDIOS

INHALT

HALLO

Willkommen zum Minecraft-Handbuch für Kreative! Die Welt von Minecraft bietet dir unzählige Möglichkeiten: Du kannst aufregende Abenteuer erleben, die erstaunlichsten Erfindungen machen, eine unbeschwerte Zeit mit deinen Freunden verbringen ... und natürlich auch jede Menge bauen – wir haben sogar extra einen Modus integriert, in dem du deiner Fantasie völlig freien Lauf lassen kannst!

Aber jeder braucht mal Unterstützung, um seiner Kreativität auf die Sprünge zu helfen – sei es das Erlernen neuer Techniken oder einfach nur Inspirationshilfe. Deswegen haben wir dieses Buch vollgepackt mit Ratschlägen, Vorschlägen, Profitipps und kreativen Tricks.

Diese Seiten sind gefüllt mit Expertenwissen, das sich sowohl an Anfänger, die Starthilfe brauchen, als auch an Fortgeschrittene auf der Suche nach neuen Herausforderungen richtet. Hier wird jeder fündig – und du kannst der Baumeister werden, der du schon immer sein wolltest.

Dieses Buch ist in drei Sektionen unterteilt. Die erste stellt dir den Kreativmodus und die Schlüsselelemente vor, um kreativ zu bauen. Danach widmen wir uns verschiedenen Bautechniken und beleuchten, wie du Blöcke kombinieren kannst, um einzigartige Ideen zu verwirklichen. Und zu guter Letzt präsentieren wir dir Schritt-für-Schritt-Bauanleitungen, damit du deine neu erworbenen Fähigkeiten auch gleich in der Praxis testen kannst.

ZEIT, KREATIV ZU WERDEN!

1

EINMALEINS FÜR KREATIVE

Minecraft ist wie ein riesiger Sandkasten, in dem alles möglich ist. Deine ersten Schritte in der riesigen Welt können einschüchternd sein, also nimm dir etwas Zeit und mache dich mit dem Spiel vertraut. Alles, was du für einen erfolgreichen Start brauchst, findest du in diesem Buch – von den Baublöcken in deinem Arsenal bis hin zu hilfreichen Tipps für dein erstes Bauwerk.

Legen wir los!

WAS IST DER KREATIVMODUS?

WARUM IM KREATIVMODUS SPIELEN?

1 FREIER FLUG
Der Kreativmodus verleiht dir Flügel – im Überlebensmodus besonders wichtig! Um zu fliegen, drücke zweimal kurz hintereinander die Sprungtaste. Danach steigst du mit der Sprung- und sinkst mit der Schleichtaste.

2 SOFORTIGER ABBAU
Du kannst jeden Block mit nur einem Tastendruck zerstören – auch unzerstörbare Blöcke. Das spart ungemein Zeit und erlaubt dir, schneller denn je zu bauen.

3 PASSIVE MONSTER
Aggressive Kreaturen verhalten sich passiv. Du musst also keine Monster abwehren oder dir Sorgen machen, dass garstige Creeper deine Bauwerke kaputt machen.

4 KEIN HUNGER
Es gibt keine Lebens- und Hungeranzeige. Das heißt, du musst weder Nahrung zu dir nehmen noch schlafen.

Der Kreativmodus erlaubt dir, dank eines unendlichen Vorrats an Blöcken und Gegenständen völlig frei zu bauen und Blöcke schnell zu entfernen oder auszutauschen. Alle Überlebenskomponenten des Spiels – wie Hunger und Schaden – sind deaktiviert, sodass du grenzenlos kreativ sein kannst.

KREATIVES INVENTAR

Das Inventar im Kreativmodus bietet dir unbegrenzten Zugriff auf praktisch alle Blöcke im Spiel. Verwende entweder die Suchfunktion oder navigiere dich durch die neun hilfreichen Reiter, um den Block deiner Wahl zu finden.

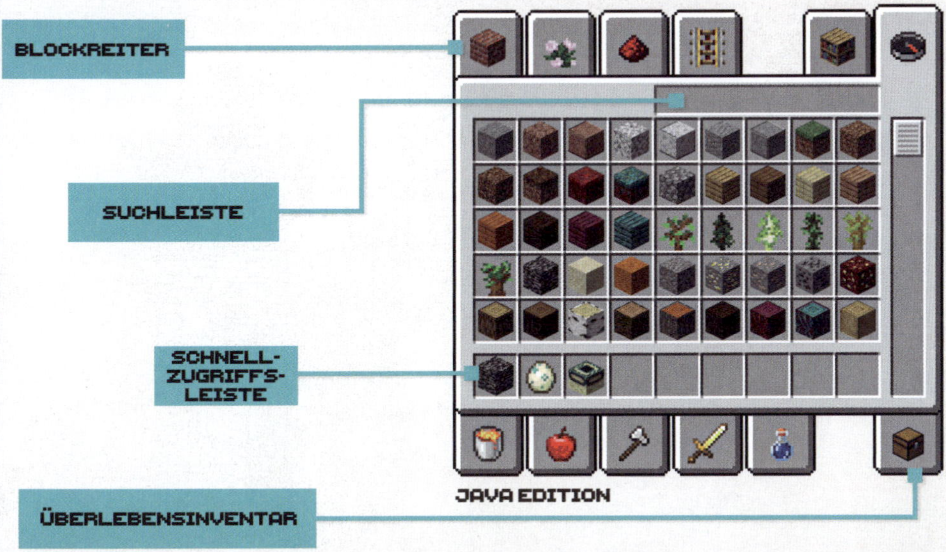

JAVA EDITION

EXKLUSIVE BLÖCKE UND GEGENSTÄNDE IM KREATIVMODUS

Manche Blöcke gibt es nur im Kreativmodus und es ist unmöglich, diese im Überlebensmodus zu erhalten! Darunter fallen alle Spawn-Eier, Endportalrahmen und noch mehr.

SPAWN-EIER

Mit diesen Eiern kannst Du die Kreatur deiner Wahl erscheinen lassen!

ENDPORTAL-RAHMEN

Erschaffe deinen eigenen Zugang zum Ende.

DIE RICHTIGE VORGEHENSWEISE

BAU GENAU
Die Entscheidung, was dein erstes Bauwerk werden soll, ist keine leichte – schließlich sind dir absolut keine Grenzen gesetzt. Diese Phasen solltest du durchlaufen, damit dein Bauvorhaben von Anfang an auf dem richtigen Weg ist!

PHASE 1: PLANUNG

Überlege dir, was du bauen willst.

+

Überlege dir, wo du bauen willst.

+

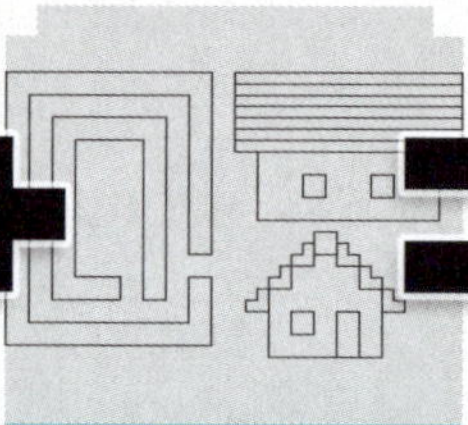
Erstelle einen Grundriss deines Baus.

=

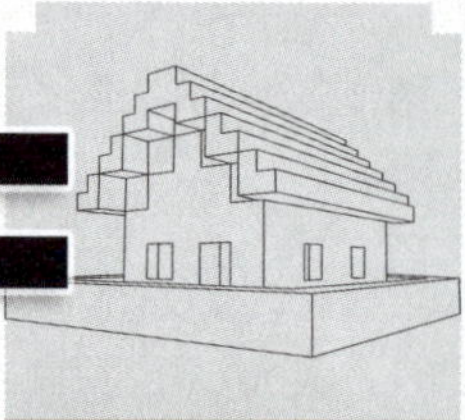
Dein Schaubild für den Bau.

PHASE 2: GEBÄUDE

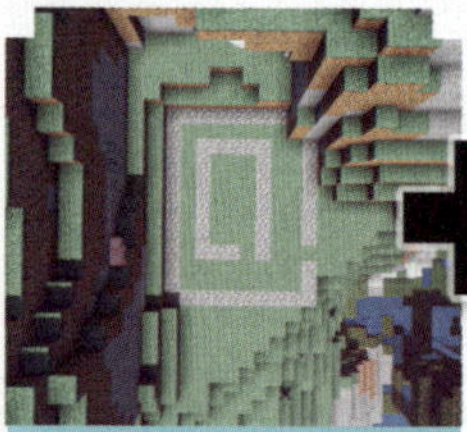
Lege den Grundriss mit Blöcken aus.

+

Baue das Fundament.

+

Baue dein Gebäude mit allen Merkmalen.

=

Dein fertiges Gebäude.

PHASE 3: DEKORATION

Bringe Innenbeleuchtung an.

+

Konstruiere einzigartiges Mobiliar.

+

Dekoriere nach Belieben.

=

Dein fertiges Bauwerk.

Niemand wird über Nacht zum Baumeister. Dazu braucht es Geduld, Übung und Planung. Aber wenn du dein Bauprojekt in einfach nachvollziehbare Phasen unterteilst, hast du stets den Überblick und kannst dich voll auf den kreativen Teil konzentrieren! Folge dieser Herangehensweise, um erfolgreich durchzustarten. Nimm dir die nötige Zeit und genieße die Reise!

DIE TÜCKEN DES BAUENS

Fehler zu machen und noch mal von vorn anzufangen ist Teil des Spiels – ein Meisterwerk braucht eben Zeit! Hier sind ein paar Tipps, um typische Anfängerfehler zu vermeiden.

Beginne klein, damit dir dein erstes Projekt nicht über den Kopf wächst. Später kannst du in größeren Dimensionen denken.

Für den Anfang reicht ein Dreifarbenschema – schlicht, aber schick!

Bleib bei deiner ursprünglichen Idee. Mitten im Bau alles über den Haufen zu werfen, bringt dich nicht weiter!

TOP-TIPP

Die beste Herangehensweise ist aber, deinen Fortschritt abzuspeichern. Wenn du unsicher bist, ob deine Idee so umsetzbar ist, erstelle eine Sicherheitskopie, damit du bei Baufehlern dort weitermachen kannst, wo du falsch abgebogen bist. Gehe ins Menü, klicke auf „Bearbeiten" und wähle die Option „Welt kopieren" aus.

TNT zu verbauen, mag verlockend sein, aber dein Bau kann sich dadurch schnell in Luft auflösen. Das macht Spaß, ist aber nicht dein Ziel.

BLOCKARTEN

BASISBLÖCKE

Damit sind die am häufigsten vertretenen Blöcke in Minecraft gemeint, die überwiegend zum Bauen verwendet werden. Diese Basisblöcke kann man in drei Unterkategorien einteilen: Standard, verfeinert und geformt.

STANDARDBLÖCKE

Die einfachsten Blöcke, die dir zur Verfügung stehen. Sie kommen natürlich vor und können in den verschiedenen Biomen gefunden werden.

VERFEINERTE BLÖCKE

Viele der Standardblöcke können zu detailreichen Varianten verfeinert werden, wie gemeißelt, glatt oder bemoost. Verfeinerte Blöcke verhalten sich wie Standardblöcke, bieten aber eine detailliertere Oberflächentextur.

GEFORMTE BLÖCKE

Standard- und verfeinerte Blöcke können beispielsweise zu Treppen, Stufen oder Mauern geformt werden. Damit kannst du deinen Bauwerken architektonische Details verleihen.

Es gibt über 600 einzigartige Blöcke in Minecraft, von Holzbrettern und Steinziegeln bis hin zu Kupfertreppen und Redstone-Verstärkern. An Auswahl sollte es dir also nicht mangeln! Zum Glück lassen sie sich in vier Hauptkategorien unterteilen, die wir dir im Folgenden vorstellen.

SPEZIALBLÖCKE

Zusätzlich zu den Basisblöcken gibt es noch diverse Blöcke mit speziellen Funktionen. Diese kann man wiederum in drei Unterkategorien einteilen: interaktiv, Redstone und Auslöser.

INTERAKTIVE BLÖCKE

Diese Blöcke bewirken eine bestimmte Aktion, wenn sie aktiviert werden. Jeder interaktive Block hat eine einzigartige Funktion, z. B. Türen öffnen und schließen, andere Blöcke ziehen oder drücken. Platziere diese Blöcke einfach mal im Spiel, um dich mit ihren Funktionsweisen vertraut zu machen.

REDSTONE-BLÖCKE

Mit diesen Blöcken kannst du Schaltkreise und Mechanismen erstellen. Jeder Redstone-Block hat eine spezielle Funktion und kann für individuelle Bauwerke eingesetzt werden. Redstone ist ein Thema für sich, also beginne mit etwas Simplem und teste die Blöcke, bevor du deine eigenen Schaltkreise baust.

AUSLÖSERBLÖCKE

Diese Blöcke aktivieren interaktive und Redstone-Blöcke. Sie sind essenziell, um Redstone-Mechanismen zu kontrollieren. Auslöser sind äußerst nützlich, um Blöcke wie Türen und Lichter zu aktivieren. Typische Auslöserblöcke sind Hebel und Schalter.

KENNE DEINE BLÖCKE

ANTIKES ÄGYPTEN

- Sandstein
- Weiße Wolle
- Glatte Quarzblöcke
- Glasierte Keramik
- Akazienzäune

- Tropenholzbretter
- Schwarzeichenstufen
- Lagerfeuer
- Fichtenfalltüren
- Fichtenholzbretter

WILDER WESTEN

TEUFLISCH

- Polierter Basalt
- Polierter Schwarzstein
- Magmablöcke
- Netherstein
- Trauerranken

Übergeordnete Baustile sind eine großartige Art und Weise, dein Bauwerk herausstechen zu lassen. Indem du Blöcke sorgfältig auswählst, kannst du deine eigenen stimmigen Baustile umsetzen. Unsere Vorschläge sollten eine gute Inspirationshilfe sein. Jeder unserer Baustile verwendet fünf aufeinander abgestimmte Blöcke, um den gewünschten optischen Effekt zu erzielen.

STEAMPUNK

- Dunkler Prismarin
- Fichtenholzbretter
- Steinziegel
- Weißer Beton
- Fichtenstämme

WALDLAND

- Eichenholztreppen
- Eichenfalltüren
- Bemooster Bruchstein
- Bruchstein
- Fichtenstämme

INDUSTRIELL

- Eisenblöcke
- Eisengitter
- Polierte Andesitstufen
- Steinziegel
- Andesit

WÄHLE DEINE BLÖCKE

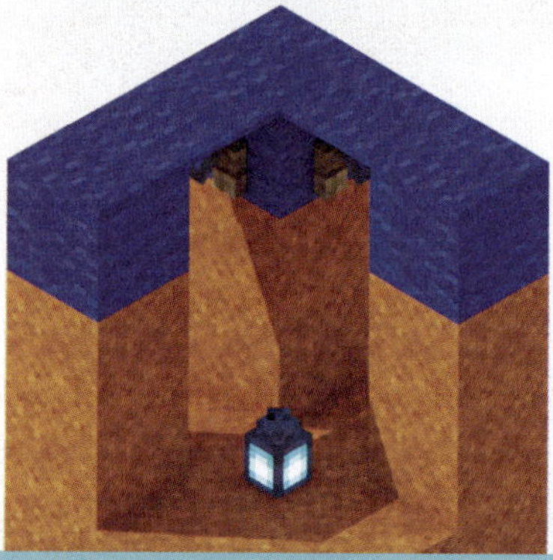

EINFACHE FARBEN

Die einfachsten Farbschemen erhält man, indem man zwei oder drei nebeneinanderliegende Blöcke auf dem Farbkreis verwendet. Die Blöcke können dabei auch Varianten der gleichen Farbe sein. Dies wird allgemein als analoges Farbschema bezeichnet.

KOMPLEMENTÄRE FARBEN

Indem man Blöcke wählt, die sich auf dem Farbkreis gegenüber voneinander befinden, erhält man ein stark kontrastierendes Farbschema, das dennoch stimmig aussieht. Ein Beispiel dafür wären Orange und Türkis.

Zu wissen, welche Blöcke du für deinen Baustil auswählen sollst, ist eine Kunst für sich, denn deine Wahl bestimmt Aussehen und Charakter deines Bauwerks. Bevor du ein neues Projekt beginnst, solltest du dir einen Augenblick Zeit nehmen und die grundlegenden Blöcke auswählen, die deinen Baustil stützen. Unsere Farbschemas sollten eine gute Starthilfe sein.

VOLLE FARBPALETTE

Große Bauwerke verwenden meist viele Farben, um den gewünschten Effekt zu erzielen. Erstelle eine Farbpalette aus Blöcken, die auf dem Farbkreis in etwa die gleichen Abstände zueinander haben, um ein optisch abwechslungsreiches Bauwerk zu erhalten.

TEXTURVARIANTEN

Zu guter Letzt kannst du jedes Farbschema aufwerten, indem du Blockvarianten hinzufügst. Entscheide dich für ein Farbschema und ergänze es mit Blöcken, die verschiedene Texturen haben. Damit vermeidest du optische Eintönigkeit.

KOMPLEMENTÄR

BAUSTILLEHRE MIT: JERACRAFT

„Wenn ich an Elfenbauwerke denke, kommt mir als Erstes ihre große Naturverbundenheit in den Sinn. Elfen symbolisieren für mich vor allem zeitlose Baukunst."

„Ich wollte, dass dieses Bauwerk etwas Besonderes wird, also habe ich mich für eine moderne Elfenbehausung entschieden. Daher habe ich Holz als Material vermieden und mich stattdessen auf Bruchstein, Tonblöcke, Beton und Wolle konzentriert, um ein fließendes Design mit natürlichen Baustoffen zu realisieren."

„Sobald das Grundgerüst aus Bruchstein stand, habe ich den Rest mit verschiedenen farbigen Blöcken aufgefüllt, bevor ich zum Schluss noch diverse Details unter Verwendung von Treppen und Stufen sowie Seelenlaternen und Ketten hinzugefügt habe, um dem Ganzen die nötige Portion Fantasy einzuhauchen."

„Die Steinarchitektur gab mir die Freiheit, ein natürlich wirkendes Gebäude zu bauen, das sich gut in die Landschaft einfügt. Der Effekt wird durch die Formen, Gewächse und eigens hergestellte Bäume abgerundet."

Jeracraft hat Millionen von Fans mit seinen thematischen Bauwerken auf YouTube begeistert, also haben wir den Meisterbauer zu seinem kreativen Prozess befragt. Jeracraft hat daraufhin sein modernes Elfengebäude mit uns geteilt, das nach eigenen Angaben von den „fließenden Designs der Natur" beeinflusst wurde.

Treppen in den Dächern zu verbauen, verleiht der Architektur einen schroffen, natürlichen Look.

Dieses moderne Haus wurde auf eine Weise adaptiert, dass man es getrost aus der Wildnis in eine urbane Landschaft verpflanzen kann. Die kunstreichen und fließenden Designs der Dächer und Gewölbebögen weisen es aber klar als Elfenbauwerk aus.

Obwohl es sich um ein modernes Elfengebäude handelt, muss es doch eindeutig naturalistisch wirken. Wenn du genau hinsiehst, wirst du überall Gewächse und bemooste Blöcke erspähen.

Obwohl sich das Bauwerk auf fünf grundlegende Blöcke konzentriert, sind genügend weitere Blockvarianten in den Wänden und Dächern verbaut.

BELEUCHTUNGS-EFFEKTE

LICHTLEVEL

Es gibt 15 Lichtlevel in Minecraft, und sie gehen auf allerlei Lichtquellen zurück. Licht ist wichtig, um dein Bauwerk, nun ja, ins rechte Licht zu rücken, und ein Lichtlevel von 8 oder mehr ist nötig, um Monster am Erscheinen zu hindern – du siehst also, dass Licht so oder so von entscheidender Bedeutung ist.

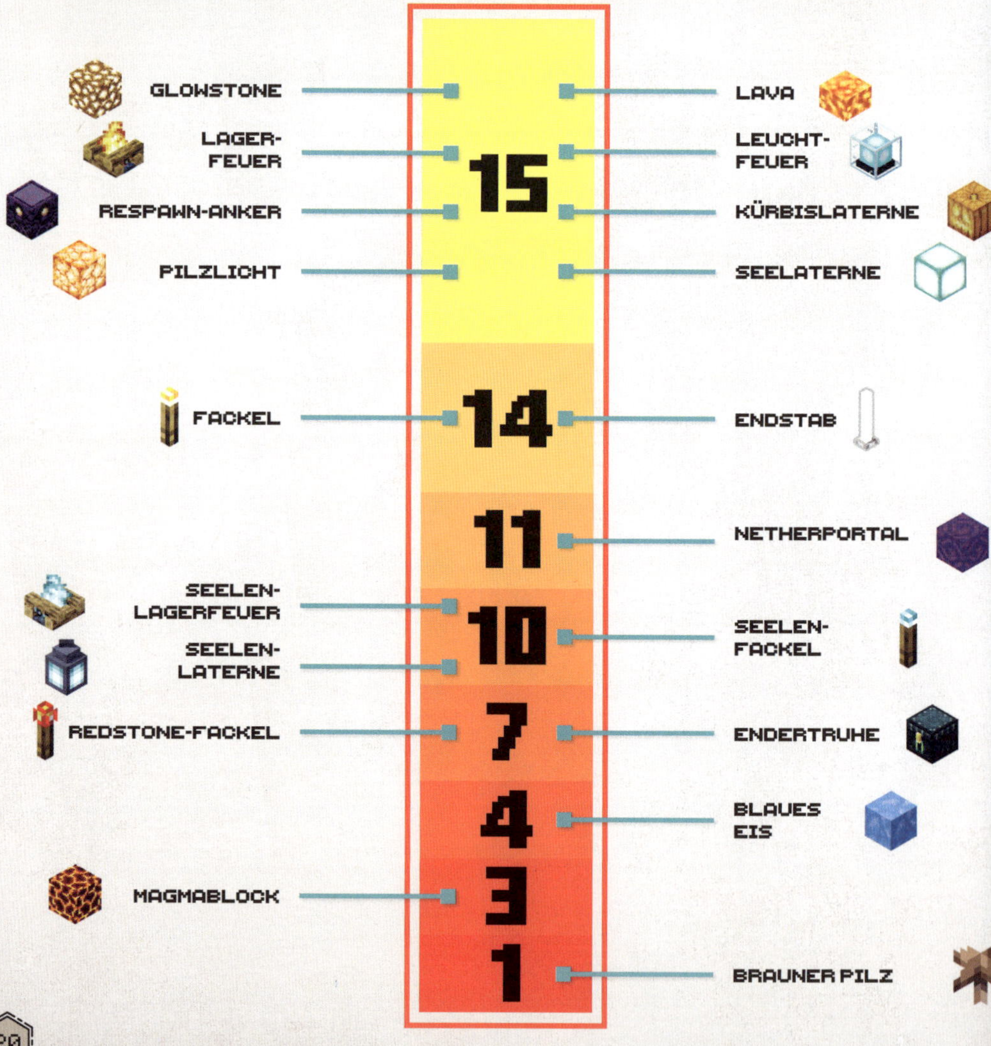

Licht ist ein wesentlicher Bestandteil jedes Bauprojekts und kann den Unterschied zwischen einem mittelmäßigen und einem glorreichen Bauwerk ausmachen. Es richtig einzusetzen ist ein Lernprozess, also haben wir eine Übersicht mit allen wichtigen Informationen für dich erstellt, damit dir schnell ein Licht aufgeht.

LICHTEFFEKTE

Es gibt viele Möglichkeiten in Minecraft, die gewünschte Lichtstimmung zu verwirklichen – was aber nicht immer ganz einfach ist, deswegen findest du im Folgenden ein paar Profitipps zum Thema Beleuchtung.

DISKRETE BELEUCHTUNG

Nicht alle Lichter müssen offensichtlich sein. Licht geht durch transparente Blöcke wie Teppiche, Banner und Gemälde hindurch, also verbaue deine Lichter in Wänden und Böden, um deine Basis stilvoll zu erhellen.

VERSCHIEDENE LEVEL

Nutze unterschiedliche Lichtlevel, um dein Bauwerk zu inszenieren. Jedes Lichtlevel kann separaten Teilen eine andere Stimmung verleihen: So könnten z. B. dämmerige Magmablöcke und helle Endstäbe einen schönen Kontrast zwischen Gebäude und Biom herstellen.

TAGESLICHTSENSOREN

Manche Bauwerke sehen tagsüber großartig genug aus, nur nachts könnten sie ein wenig extra Beleuchtung vertragen. Hier kommen Tageslichtsensoren ins Spiel, die deine Basis auch nach Sonnenuntergang im besten Licht erstrahlen lassen.

UNTERWASSERBELEUCHTUNG

Licht unter Wasser kann faszinierende Ergebnisse produzieren. Seegurken eignen sich hierfür besonders gut: Je mehr davon du platzierst (maximal vier Stück auf einen Block), desto heller erstrahlen sie.

DIE RICHTIGE STIMMUNG

Beleuchtung, die sich gut in den Raum einfügt, kann ziemlich spektakulär ausfallen. Es gibt etliche Möglichkeiten, Licht kreativ einzusetzen: Wähle zunächst einen leuchtenden Block aus und überlege dann, wie du diesen clever in deinen Raum integrieren kannst.

KERZENSTÄNDER

Fackeln sind die simpelste Form von Lichtern und äußerst vielseitig. Diese Bücherei wird von einem Kerzenständer erleuchtet, der aus Wirrfalltüren, einer Fackel und einer Eichenholztreppe konstruiert wurde.

AQUARIUM

Unterwasserbeleuchtung sieht großartig aus, aber ist nicht ganz einfach zu realisieren. Seegurken müssen sich im Wasser befinden, um Licht abzugeben, was sie zu perfekten Lichtern in Aquarien macht.

KAMIN

Ein Kamin lässt sich aus einem Lagerfeuer, Eisengittern und Ziegelblöcken bauen. Lagerfeuer brennen ewig, sobald sie entzündet werden.

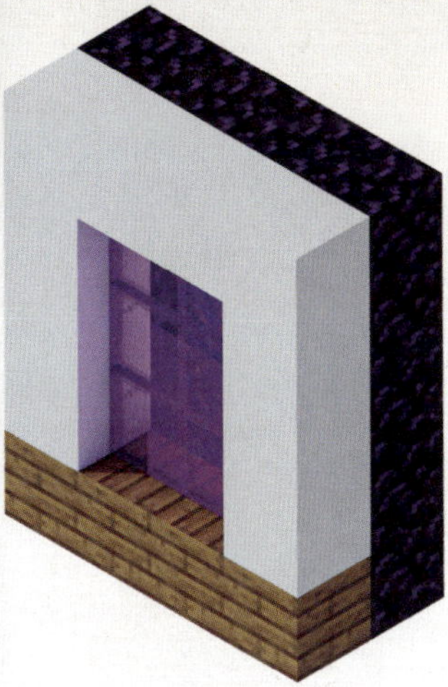

BUNTE GLASFENSTER

Mit gefärbten Glasscheiben erscheint die Welt außerhalb deiner Fenster in einem anderen Licht – dir stehen insgesamt 16 Farben dafür zur Verfügung.

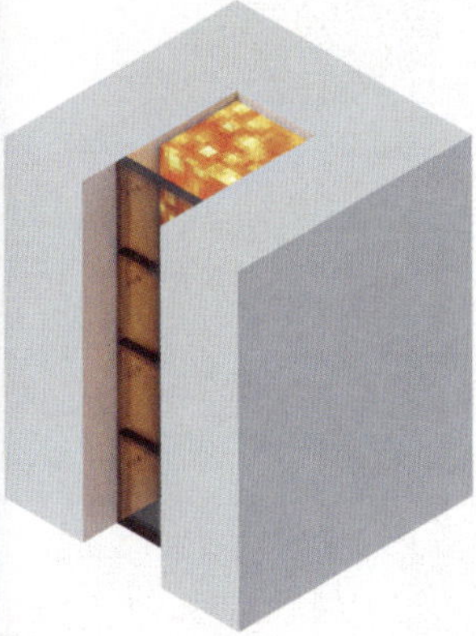

WANDLEUCHTER

Diese Lichtinstallation ist sehr beliebt. Indem du einen Gegenstandsrahmen, eine Stufe und eine Fackel – und zwar in der Reihenfolge – platzierst, erhältst du diesen mittelalterlichen Wandleuchter.

KRONLEUCHTER

Erschaffe diesen edlen Kronleuchter, indem du Endstäbe an einer Zaunkonstruktion anbringst.

FEUERWAND

Diese spektakuläre Installation erhältst du, indem du Lava mit steinernen Blöcken umgibst und hinter Glasscheiben sperrst. Vermeide hölzerne Blöcke, sonst fackelt deine Bude ab!

PUNKTLEUCHTE

Glowstone hat das maximale Lichtlevel. Somit ist er ideal, um etwas Bestimmtes besonders kunstvoll in Szene zu setzen – ein cooles Banner vielleicht, oder verzauberte Ausrüstung.

AUSSENFLÄCHEN

Große Außenflächen zu beleuchten ist nicht einfach: Immer wieder die gleiche Lichtquelle kann langweilig werden, aber installierst du zu wenige Lichter, überrennen dich Monster. Zum Glück gibt es viele abwechslungsreiche Beleuchtungsmöglichkeiten. Entscheide dich für eine Lichtquelle und sieh dir an, wie sie sich in der Praxis macht.

LATERNENPFAHL

Im Sockel ist eine Kürbislaterne verbaut, die für mehr Umgebungslicht sorgt. Das Schaubild auf S. 20 gibt dir einen Überblick über die Lichtlevel.

KOCHKESSEL

Baue ein Lagerfeuer und bringe einen Kessel darüber an – schon hast du eine rustikale Kochstelle. Mit Holzbänken drumherum bekommst du sogar einen kleinen Campingplatz.

SIGNALFEUER

Solche Installationen sind ideal, um große Außenflächen zu erhellen. Platziere sie einfach überall, wo du für zusätzliches Licht sorgen willst.

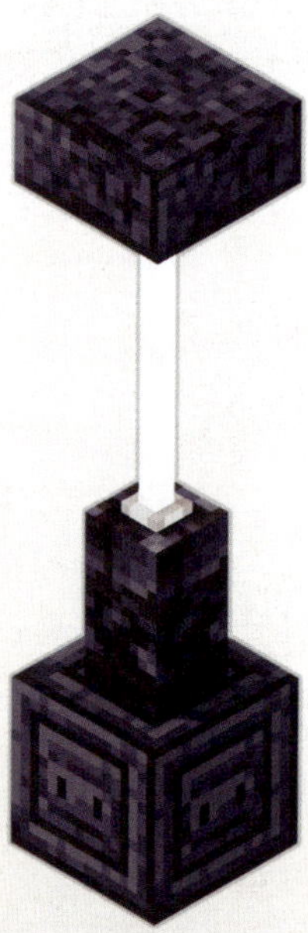

FLUORESZIERENDE TÜRMCHEN

Eine oft unterschätzte Lichtquelle sind Endstäbe. Diese fluoreszierenden Stäbe sind perfekt für moderne Architektur, wie dieses schicke Leuchttürmchen beweist!

KÜRBISBEET

Die gruseligen Kürbislaternen eignen sich prima für subtile Beleuchtung. Sie sind maximal hell, und wenn du sie mit dem Gesicht zur Wand platzierst, fungieren sie als versteckte Lichtquelle.

ÄTHERISCHER TEICH

Dieser mystische Gartenteich strahlt dank der Seegurken darin angenehmes Licht aus. Ideal, um deinem Bauwerk einen Hauch von Fantasy zu verleihen.

VERWUNSCHENER BAUM

Dieser große verwunschene Baum leuchtet blau, dank der Seelenfackeln auf seinen Ästen. Verwende so viele davon, wie du willst, je nachdem, ob du eher dämmerige oder helle Beleuchtung bevorzugst.

HÄNGEKORB

Pilzlichter sind vielseitige Beleuchtungsblöcke. Dieser hängende Korb strahlt das maximale Lichtlevel von 15 aus und passt bequem in beengte Stellen.

BIOME UND IHRE VARIANTEN

VIELSEITIGE BIOME

Jedes Biom hat diverse Varianten mit verschiedenen Charakteristiken – es gibt damit über 80 Biomvarianten, aus denen du wählen kannst! Erforsche deine Umgebung oder verwende den „/locatebiome"-Befehl (s. Seite 32; nur Java Edition), um alle Biome und deren Varianten zu entdecken.

EISIGE IGLUFESTUNG

VERSCHNEITE TUNDRA

Heller weißer Schnee und sehr wenig Fauna machen verschneite Biome zu perfekten Orten für winterliche Bauten.

BIOMVARIANTEN:
Verschneite Berge, Eiszapfentundra

BAUERN-DORF

EBENE

Dieses flache und grasbedeckte Biom bietet viele offene Flächen und Wasserstellen, was es ideal für große Bauten in freier Natur wie ganze Bauerndörfer macht.

BIOMVARIANTE:
Sonnenblumenebene

Wo du dein Bauvorhaben realisierst, ist von genauso großer Bedeutung wie das Bauvorhaben selbst. Es gibt zahlreiche Biome in der Oberwelt, dem Nether und dem Ende, und es liegt an dir, den richtigen Schauplatz für deine Idee zu finden. Starte den Kreativmodus und fliege ein wenig umher, um zu sehen, welche Landschaften du entdecken kannst.

DICHTER WALD

Dichte Baumkronen und Riesenpilze sorgen für das wild wuchernde Aussehen dieses Bioms – perfekt für märchenhafte Bauten.

BIOMVARIANTE:
Dichter Hügelwald

SUMPF

Seichte Sümpfe mit trüben Wasserstellen und Seerosenblättern darin sind ideal für makabre und geisterhafte Bauvorhaben.

BIOMVARIANTE:
Sumpfhügel

OZEAN

Ozeanbiome sind der Ort der Wahl für schwimmende Behausungen und Unterwasserbauten.

BIOMVARIANTEN:
Warmer Ozean u. a.

ZERRWALD

Dieses dunkeltürkise Nether-Biom besticht durch seine Einbuchtungen und Verstecke – optimal für wunderliche, fantastische Bauten.

BASALTDELTAS

Dieses trostlose Nether-Biom ist chaotisch und uneben, was es zum perfekten Schauplatz für Ruinen und zerfallene Gebäude macht.

DAS ENDE

Obsidiansäulen, Endstein und ein schwarzer Himmel bestimmen die freudlose Landschaft – das perfekte Ödland für verlassene Bauwerke.

BIOMVARIANTEN:
Kleine Endinseln u. a.

TERRAFORMING

TERRAFORMING FÜR ANFÄNGER

Beim Umgestalten von Landschaften gibt es *keine* Regeln, jeder hat seine eigene Herangehensweise. Dennoch haben wir ein paar Profitipps zusammengestellt, die dir den Anfang erleichtern sollten.

1 FINDE DEN RICHTIGEN ORT

Suche in derUmgebung nach einem Biom, das deinen Bedürfnissen entspricht. Ein bereits vorhandenes Biom mit einem erwünschten Landschaftsmerkmal, wie z. B. einem Berg oder einem vom Spiel generierten Bauwerk, kann dir Stunden sparen.

2 WÄHLE EINEN BAUSTIL

Wähle Blöcke, die zu deinem Baustil und -ort passen – entweder im Biom vorhandene oder andere für den Kontrast. Varianten vorhandener Blöcke sind ideal, den bestehenden Charakter der Landschaft auszubauen.

3 BEGINNE IM KLEINEN RAHMEN

Nimm dir ein kleines Testgebiet vor. Entferne unerwünschte Blöcke und füge erwünschte hinzu. Versuche, natürliche Merkmale wie Flüsse und Felder nachzubauen, um deine Fähigkeiten zu erproben.

Wenn du kein passendes Biom findest, solltest du Terraforming in Erwägung ziehen. Falls du schon mal einen Raum in eine Bergseite geschlagen oder eine Fläche von Bäumen befreit hast, hast du bereits erste Erfahrung damit. Terraforming bezeichnet die Umgestaltung einer Landschaft und ist eine wichtige Fertigkeit für jeden Erbauer.

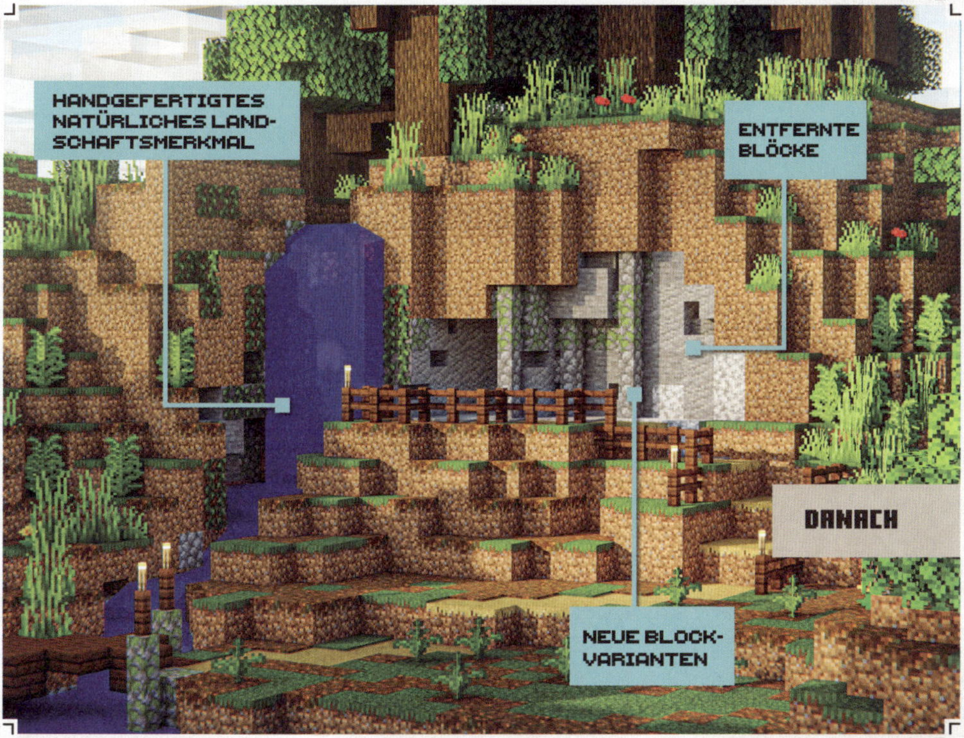

4 BLICK AUS DER FERNE

Sobald du mit dem Testgebiet fertig bist, betrachte dein Werk aus einiger Entfernung. Solltest du deine Blockauswahl überdenken? Nimm dir die Zeit und überlege, ob alles exakt so ausgefallen ist, wie du es haben möchtest.

5 VOLLENDE DEINE ARBEIT

Sobald du mit deinem Testgebiet zufrieden bist, weite dein Terraforming auf den gesamten für dein Bauvorhaben benötigten Bereich aus. Arbeite methodisch und wirf ab und zu einen Blick aus der Distanz auf deinen Fortschritt, um das gewünschte Ergebnis zu prüfen.

TOP-TIPP

Die Möglichkeiten des Terraformings sind in Minecraft grenzenlos. Die meisten Spieler konzentrieren sich auf kleinere Strukturen, manche jedoch verausgaben sich und erstellen ganze Biome. Grundsätzlich gilt, dass du alles, was du um dich herum siehst, auch frei umgestalten kannst.

KREATIVE BEFEHLE

CHEATS ERLAUBEN: AN

Um die Nutzung von Befehlen zuzulassen, kannst du vor der Weltgenerierung oder im Spielmenü die Option „Cheats aktivieren“ einschalten.

ORTEN

Mit diesem Befehl kannst du die Koordinaten des nächsten vom Spiel generierten Bauwerks ausfindig machen. Verwende den Befehl ...

```
/locate village
```

BIOM FINDEN (JAVA EDITION)

Damit erhältst du die Koordinaten einer beliebigen Biomvariante. Verwende den Befehl ...

```
/locatebiome minecraft:beach
```

TELEPORTIEREN

Nützlich, um sich zu jeder beliebigen Koordinate zu teleportieren. In Kombination mit der Orten-Funktion ein echter Segen. Verwende den Befehl ...

```
/tp Spielername 10 10 10
```

ZEIT

Bestimme die Tageszeit. Vielleicht baust du ja lieber tagsüber oder nachts? Dann verwende den Befehl ...

```
/time set day
```

WETTER

Du kannst auch das Wetter kontrollieren. Falls du dein Bauwerk im Regen oder bei strahlendem Sonnenschein begutachten willst, dann verwende den Befehl ...

```
/weather rain
```

Der Kreativmodus ermöglicht es dir, mit Befehlen Einfluss auf die Spielwelt zu nehmen. Sie sind dermaßen nützlich, dass ihre korrekte Verwendung dir ungemein viel Zeit bei deinen Bauvorhaben ersparen kann – im Überlebensmodus wäre ihr Einsatz aber pure Schummelei!

SPIELMODUS

Du möchtest dein Bauwerk in einem anderen Spielmodus auf die Probe stellen? Dann verwende den Befehl ...

```
/gamemode creative
```

INVENTAR

Du kannst verschiedene Einstellungen kontrollieren, wie z. B. dein Inventar im Todesfall zu behalten. Verwende dafür den Befehl ...

```
/gamerule keepInven-
tory
```

KEINE SORGE

Bist du besorgt, dass ein explodierender Creeper oder ein Blöcke stehlender Enderman deine Arbeit zunichtemachen könnte? Dann verwende den Befehl ...

```
/gamerule mobGriefing
```

STARTWERT (JAVA EDITION)

Du hast eine perfekte Welt gefunden und willst sie reproduzieren? Dann verwende diesen Befehl! Spieler der Bedrock Edition haben dafür bei der Welterstellung ein Seed-Menü.

```
/seed
```

BEFEHLE

Um dir eine vollständige Liste aller Befehle anzeigen zu lassen, verwende den Befehl ...

```
/help
```

2

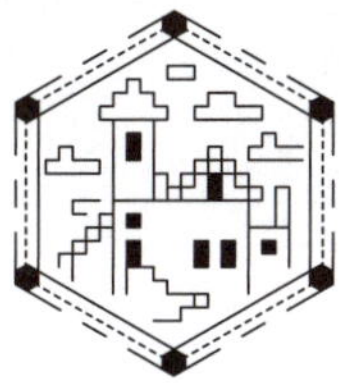

KONSTRUKTION

Da du jetzt mit den Blöcken und Biomen vertraut bist, wird es Zeit, sich etwas mehr der Praxis zuzuwenden. Dieses Spiel besteht ganz und gar aus Blöcken – die Formen in Konstruktionen zu erkennen, wird dich also schnell zu einem Bauexperten machen. Aber Bauen beinhaltet nicht nur das Wissen um effizientes Konstruieren! Ein wahrer Baumeister muss auch ein talentierter Dekorateur sein. Analysieren wir also im Folgenden die verschiedenen Formen und Dekorationsmöglichkeiten.

FORMEN UND STRUKTUREN

FORMEN

Viele Konstrukteure bevorzugen einfache und klare Formen. Grundlegende Formen und ihre Kombinationsmöglichkeiten zu erkennen, wird dir die Fähigkeit verleihen, ausnahmslos alles zu bauen. Im Folgenden betrachten wir diese Formen genauer.

DREIECKIGE PRISMEN

Dreieckige Formen können für Dächer, Wände und auch als Fundamente verwendet werden. Die abgeschrägten Winkel verleihen einem Gebäude Charakter und Komplexität.

QUADER

Quadrate und Rechtecke sind die am meisten verwendeten Formen, da sie durch ihre vielseitige Einfachheit bestechen. Sie werden oft für temporäre Stützpunkte, schnell erstellte Gebäude und einfache Bauwerke genutzt.

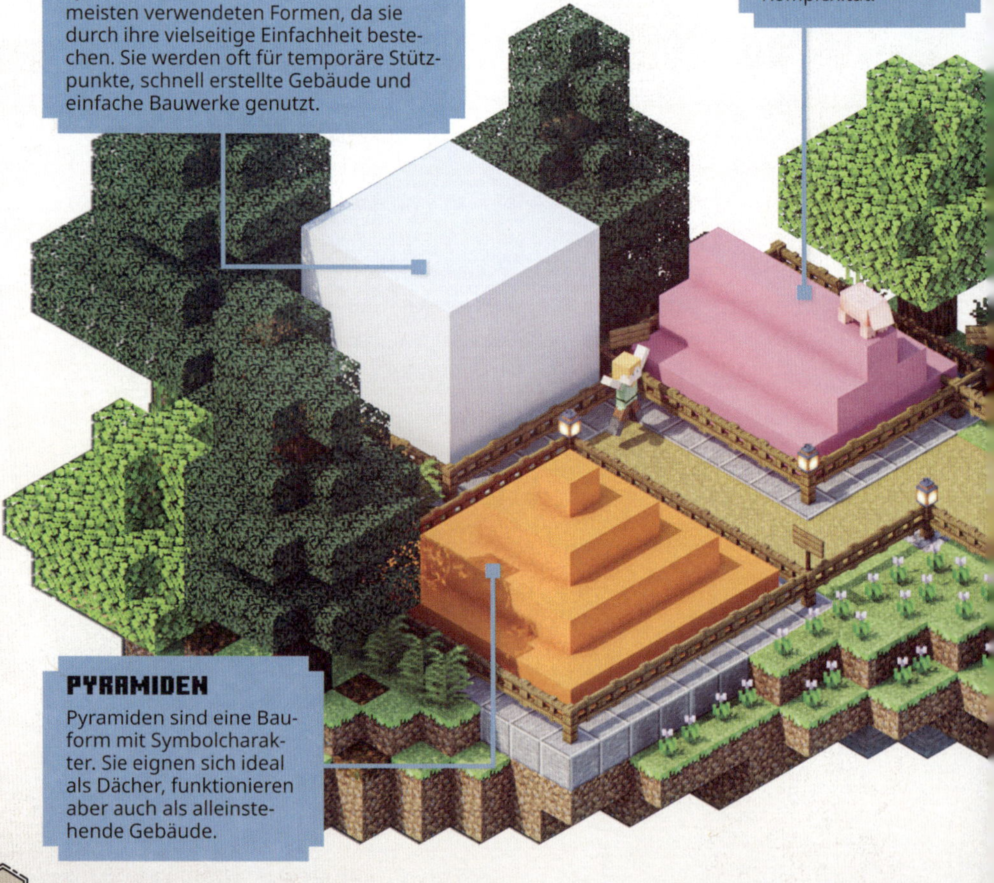

PYRAMIDEN

Pyramiden sind eine Bauform mit Symbolcharakter. Sie eignen sich ideal als Dächer, funktionieren aber auch als alleinstehende Gebäude.

Jedes Bauwerk in Minecraft, egal wie gigantisch oder kompliziert, kann in grundlegende Formen heruntergebrochen werden. Bevor du also mit einem neuen Bauwerk beginnst, ist es hilfreich, es im Kopf in seine Kernbestandteile zu zerlegen. Zu verstehen, wie Formen zusammen funktionieren und ineinandergreifen können, wird dir dabei helfen, jedes Bauwerk zu analysieren.

SPHÄREN

Obwohl es in Minecraft nicht möglich ist, einen perfekten runden Kreis zu bauen, kannst du doch sehr ähnliche Formen erstellen. Sphären entstehen durch die Aneinanderreihung solcher kreisähnlicher Formen. Eine sehr beliebte Struktur in dieser blockigen Welt.

ZYLINDER

Zylinder sind eine Verlängerung der Ringform, die du zum Bau von Sphären benutzt. Diese Form hat mehr Charakter und ist komplexer als ein Quader, und sie kann sowohl vertikal als auch horizontal eingesetzt werden.

QUADER

QUADER ERKLÄRT

Quader stellen die einfachste aller Formen dar. Als Quader bezeichnet man jede quadratische oder rechteckige Form mit vier Wänden – die meisten Anfänger versuchen sich zunächst hieran. Sie kommen nahezu in jedem großen Bauwerk in Minecraft vor.

QUADER

Quader haben sechs Seiten: zwei horizontale, zwei vertikale und zwei Längsseiten.

PYRAMIDEN

PYRAMIDEN ERKLÄRT

Pyramiden sind als Form sehr beliebt. Gewöhnlich bestehen sie aus vier dreieckigen Seiten, die auf einer quadratischen Basis fußen. Sie sind eine vielseitige Struktur und bringen Abwechslung in die Blockwelt. Pyramiden werden oft als Dächer verbaut, funktionieren aber auch als ganz eigenes Bauwerk.

QUADRATISCHE BASIS

Das Fundament bestimmt Größe und Form der Pyramide. Eine quadratische Basis mit gleichen Seiten ist der perfekte Ausgangspunkt für die dreieckigen Wände.

DREIECKE

Pyramiden bestehen aus Dreiecken. Um ein Dreieck zu erhalten, musst du bei jeder Schicht links wie rechts einen Block entfernen, während du in die Höhe baust.

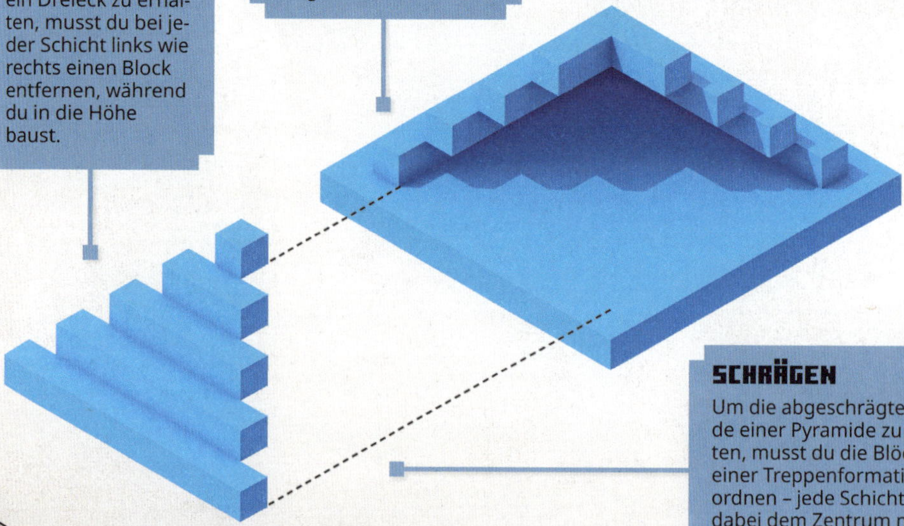

SCHRÄGEN

Um die abgeschrägten Wände einer Pyramide zu erhalten, musst du die Blöcke in einer Treppenformation anordnen – jede Schicht rückt dabei dem Zentrum näher.

DREIECKIGE PRISMEN ERKLÄRT

Dreieckige Prismen sind beim Bau von Stützpunkten genauso beliebt wie Pyramiden. Eine verlängerte dreieckige Form eignet sich hervorragend als Dach oder Gebäude an sich – Zelte oder Scheunen sind hierfür gute Beispiele. Dreieckige Prismen ähneln Pyramiden zwar, sind aber vielseitiger, was erfahrene Baumeister zu schätzen wissen.

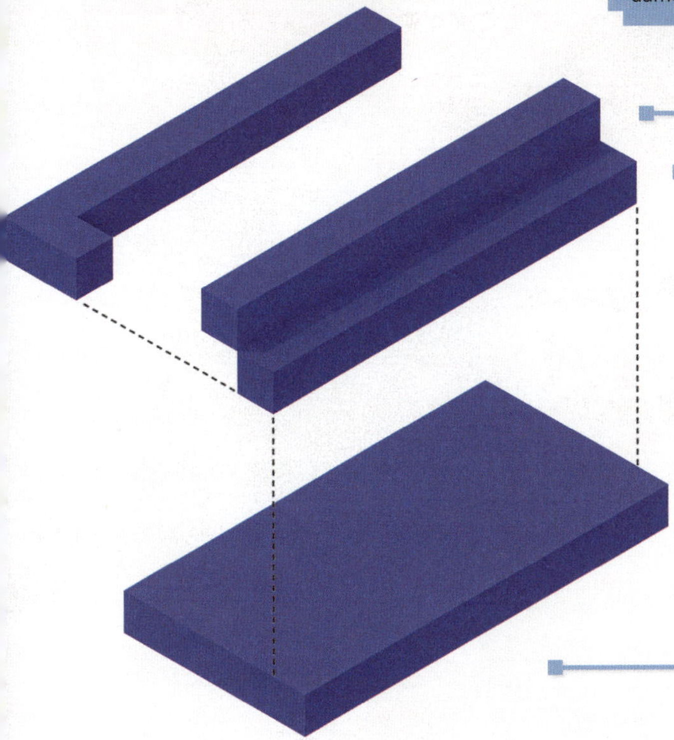

DREIECKIGE ENDEN

Ähnlich der Pyramide sind die zwei kleineren Enden dreieckig. Um diese Form zu erhalten, entferne einfach einen Block, während du dich Schicht für Schicht vom Fundament aus nach oben baust

TREPPEN-SEITEN

Die Seiten sind treppenförmig und jede höhere Schicht rückt dem Zentrum um einen Block näher.

RECHTECKIGE BASIS

Prismen ruhen typischerweise auf einem rechteckigen Fundament. Dieses kann beliebig lang sein, doch die Höhe des Prismas wird durch die Breite bestimmt.

DAS ALLES SIND DREIECKIGE PRISMEN!

KURZ ABGEWINKELT BREIT

SPHÄREN ERKLÄRT

Sphären sind die am schwersten zu bauende Form in Minecraft – aber eigentlich nur auf den ersten Blick! Sphären sind im Prinzip eine Serie von aneinandergereihten größeren und kleineren Ringen. Eine Kuppel erhältst du, indem du nur eine halbe Sphäre baust.

KLEINERE KREISE

Baue abschließend vier Kreise, jeden kleiner beziehungsweise enger als den vorherigen: 9 × 9, 9 × 9, 7 × 7, 5 × 5.

GRÖSSERE KREISE

Baue drei weitere Kreise, jeden größer beziehungsweise ausladender als den vorherigen: 7 × 7, 9 × 9, 9 × 9.

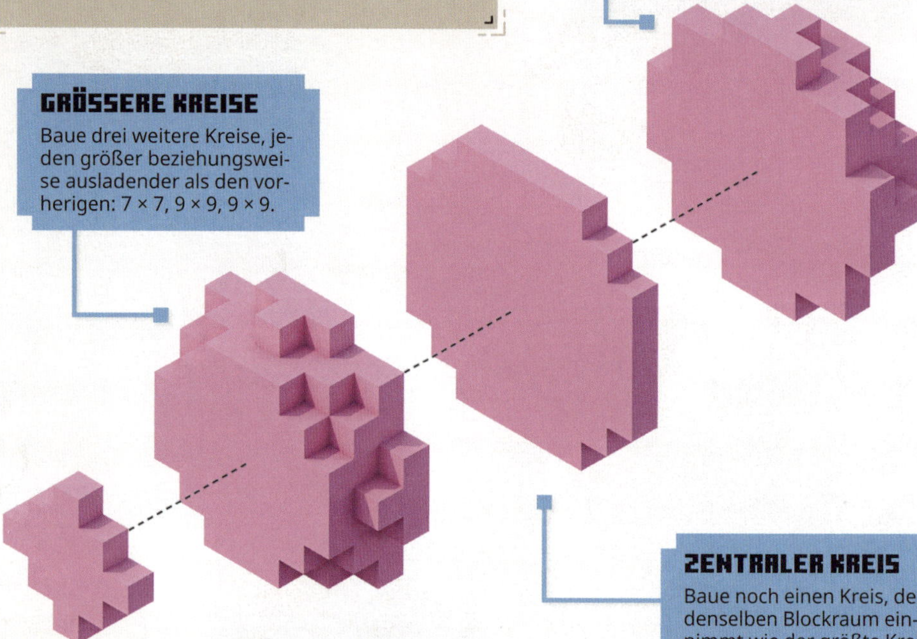

ZENTRALER KREIS

Baue noch einen Kreis, der denselben Blockraum einnimmt wie der größte Kreis davor: 9 × 9.

ERSTER KREIS

Beginne mit einem 5 × 5 Blöcke umfassenden Kreis. Orientiere dich dabei an dieser Skizze.

DAS ALLES SIND SPHÄREN!

GROSS KLEIN KUPPEL ELLIPSOID

ZYLINDER ERKLÄRT

Zylinder sind eine weitere Grundstruktur in Minecraft. Sie stellen eine Mischung aus Quadern und Sphären dar und sind die ideale Form, um geräumige und detaillierte Bauwerke zu erschaffen.

RUNDE BASIS

Beginne mit einem 7 × 7 Blöcke umfassenden kreisförmigen Fundament. Du kannst kleinere oder größere Zylinder bauen, indem du die Basis um 2 × 2 Blöcke erweiterst oder reduzierst: 9 × 9, 13 × 13, 15 × 15.

RUNDE WÄNDE

Setze nun einen ebenfalls 7 × 7 Blöcke umfassenden Ring auf die Basis. Schichte sieben Ringe darauf, um einen Zylinder von acht Blöcken Höhe zu erhalten.

HORIZONTAL UND VERTIKAL

Zylinder können sowohl senkrecht als auch waagrecht gebaut werden. Für einen horizontalen Zylinder kannst du dich ebenfalls an diese Anleitung halten, du musst nur mit einer vertikalen Basis beginnen.

BEIDES SIND ZYLINDER!

VERTIKAL

HORIZONTAL

BLÖCKE MAL ANDERS: INNEN

ESSZIMMER-STUHL

Baue Stühle aus Falltüren und Stufen. Banner bieten sich als Polster für die Rückenlehnen an.

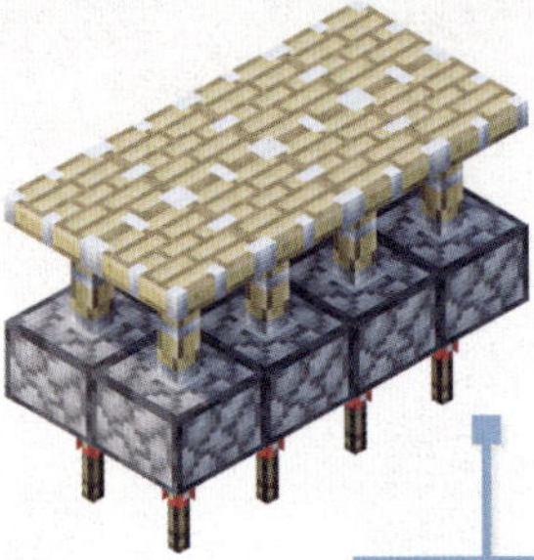

KOLBENTISCH

Ausgefahrene Kolben fußen auf Redstone-Fackeln; die Köpfe bilden die Tischplatte, die Stangen die Tischbeine.

TREPPENHAUS

Wendeltreppen sind platzsparend und sehen großartig aus.

KAMIN

Kamine können mit Details vollgestopft werden. Verziere den Kaminsims ansprechend und bringe aus Sicherheitsgründen Gitter vor der Feuerstelle an.

Sobald dein Bauwerk steht, ist es an der Zeit, dich als Innenraumgestalter zu beweisen! Es gibt viele dekorative Blöcke im Spiel, aber du kannst auch deine eigenen Blockkombinationen ersinnen, um einzigartige Einrichtungsgegenstände zu erhalten. Lasse dich von der realen Welt inspirieren und finde heraus, welches Mobiliar du nachbauen kannst.

DUSCHKABINE

Glasscheiben und dunkler Prismarin sind ideal für diese Installation. Verbaue eine versteckte Wasserquelle, damit der Duschkopf immer schön tropft.

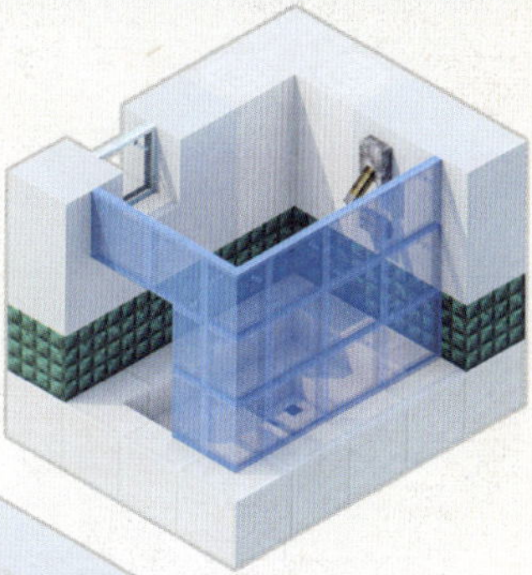

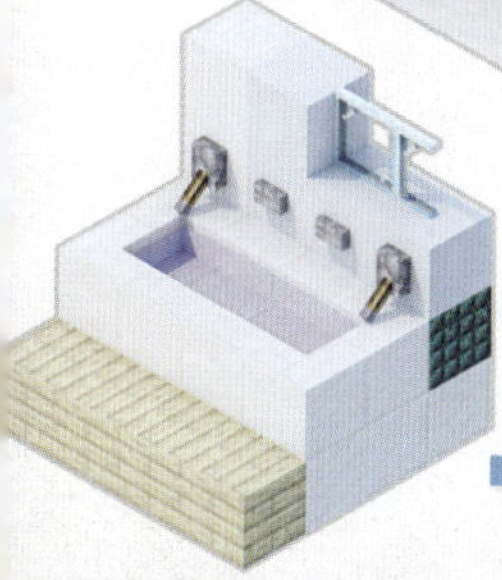

BADEWANNE

Lust auf ein entspannendes Bad? In einer Badewanne kann man schon mal eine ganze Nacht ausharren.

DOPPELWASCHBECKEN

Kessel geben prima Waschbecken ab. Und Endstäbe stellen mit ihrem weißen Licht die perfekte Badezimmerbeleuchtung dar.

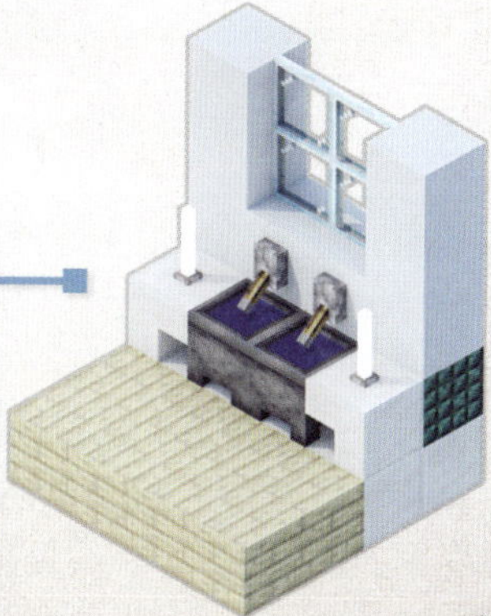

FENSTER

Vergiss nicht, Fenster aus Glasscheiben einzubauen, damit deine Räumlichkeiten von Tageslicht erhellt werden. Und Vorhänge aus Bannern sowie Fensterbänke komplettieren den Look.

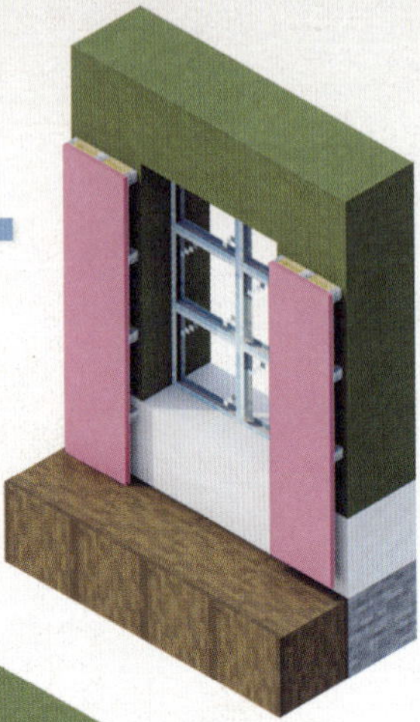

SOFAECKE

In einem gemütlichen Wohnzimmer darf ein Sofa nicht fehlen! Verwende Treppen für das Sofa und Stufen für den Couchtisch.

REGALE

Regale sind ideal, um leere Wände mit Leben zu füllen. Du kannst darin Blumentöpfe, Truhen oder deine liebsten Gegenstände unterbringen.

KÜCHE

Kessel funktionieren auch als ideale Küchenspülen. Und mit Falltüren kannst du ganz einfach Schränkchen herstellen.

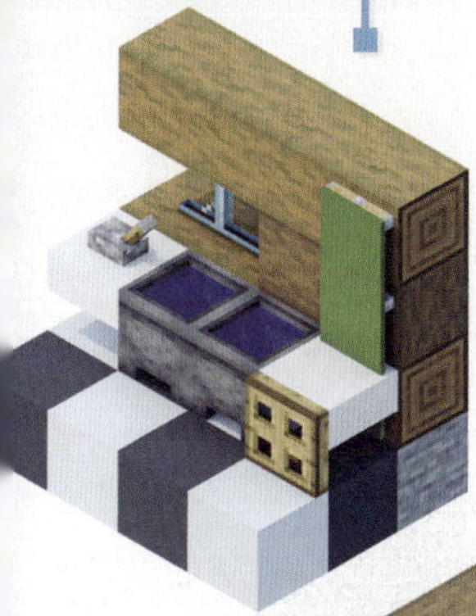

ESSTISCH

Keine Küche ohne Tisch und Stühle. Der Tisch besteht aus Stufen und Teppichen, die Stühle aus Treppen und Schildern.

KÜCHENGERÄTE

Du musst zwar nicht in Sorge sein, dass deine Nahrungsmittel schlecht werden, doch ein Kühlschrank schadet nie!

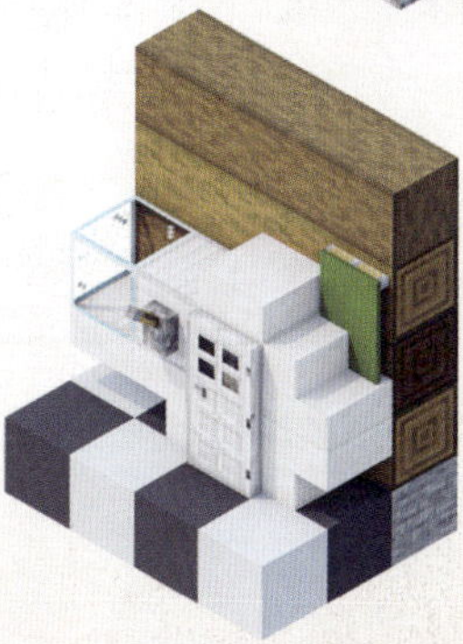

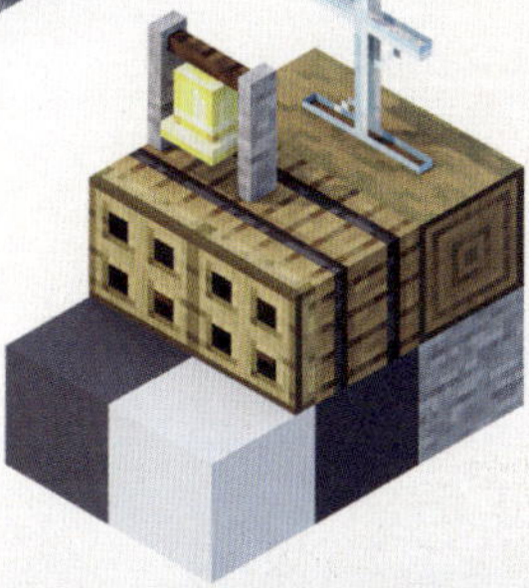

GUTEN APPETIT!

Aus der Ferne ist die Stadtglocke zu hören – Zeit, deine Freunde zum Essen einzuladen.

BLÖCKE MAL ANDERS: AUSSEN

BLUMENTÖPFE

Diese Blumentöpfe am Fenstersims bestehen aus Erde und Falltüren aus Fichtenholz. Blumen wie Mohn und Tulpen sorgen für wunderbare Farbakzente.

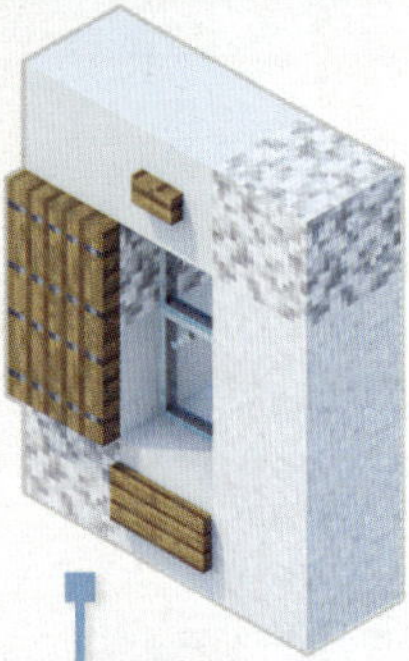

FENSTERLÄDEN

Fensterläden machen jedes Fenster zum Hingucker. Falltüren sind dafür bestens geeignet, da sie an den meisten Oberflächen platziert werden können.

RAUCHENDER SCHORNSTEIN

Ein aktiver Schornstein kündet von Leben in deinem Haus. Hier sorgen Spinnennetze für die Illusion, dass rund um die Uhr Rauch aufsteigt.

BEDACHUNG

Ein Dach aufregend zu gestalten ist eine kleine Herausforderung. Mit Details wie Schaltern und Schildern setzt du die richtigen architektonischen Akzente.

Ein Bauwerk ist erst dann vollendet, wenn der Außenbereich genauso kreativ dekoriert ist wie der Innenbereich! Es gibt unzählige Gestaltungsmöglichkeiten, wie Gartenmöbel oder Strauchwerk. Lass deiner Fantasie freien Lauf und wähle Deko, die deinen Baustil komplementiert. Was wirst DU bauen?

VARIANTEN

Ewig gleiche Wände können schnell langweilig werden. Verbaue Blockvarianten, um ihnen mehr Charakter zu verleihen.

SPALIER

Spaliere füllen größere Flächen auf sehr ansehnliche Weise. Du kannst an ihnen auch Lichter und Laubwerk anbringen.

INDIVIDUELLES DEKOR

Warum nicht auch etwas eigentümlichere Merkmale an deinen Wänden anbringen, wie zum Beispiel diese Sträflingskugel? Das erfüllt zwar keine Funktion, sieht aber schön bizarr aus.

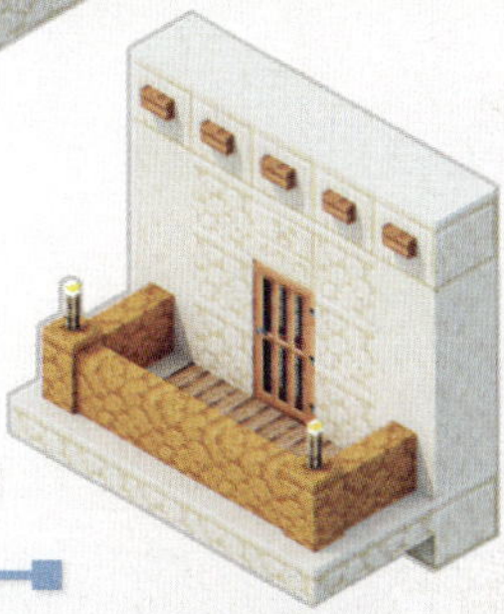

BALKON

Etwas begehbare Außenfläche tut deinem Haus gut. Dieser Balkon passt thematisch wunderbar in ein Wüstenbiom.

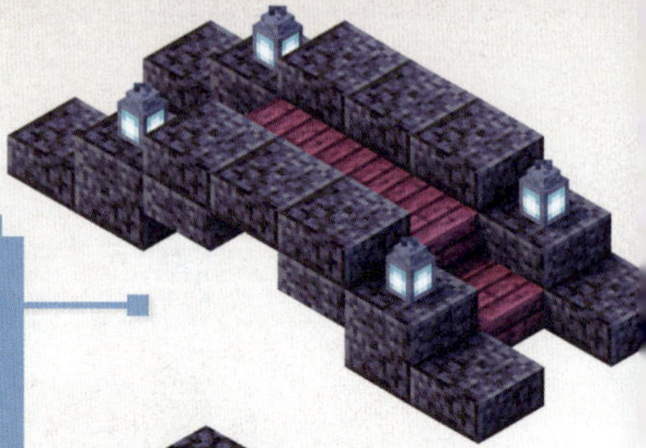

BRÜCKEN

Sie sind einfach und schnell gebaut, verleihen deinem Außenbereich aber eine zusätzliche Komponente.

WASSERSTELLE

Wenn sich dein Bauwerk fernab von Flüssen oder einem Ozean befindet, sind Wasserstellen ein Muss. Wir haben drei Quellblöcke nebeneinandergesetzt und eine ewig fließende Wasserquelle erschaffen. Versuche das aber nicht im Nether, das Wasser würde nur verdampfen!

NETHER-BLUMENTÖPFE

Kombiniere das Karmesinrot und Dunkeltürkis des Nethers, um bizarre Strukturen zu erhalten, wie diese Blumentöpfe mit Netherpilzen.

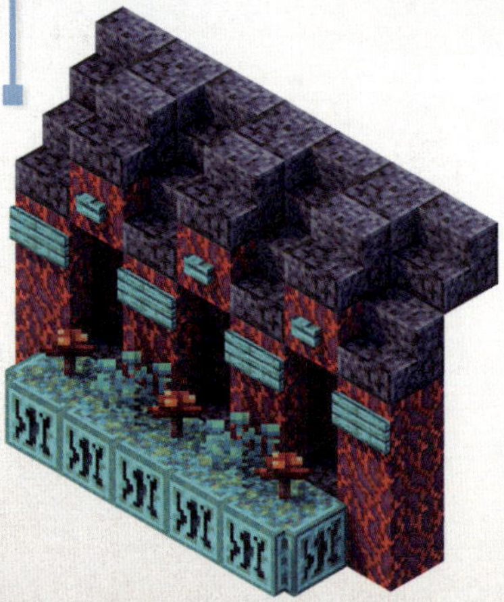

BUNTGLASFENSTER

Gefärbtes Glas bietet sich thematisch gut für dieses Baubeispiel an. Zum Nether-Baustil passt besonders graues Glas.

KRAN

Ein weiteres funktionsloses Dekor – doch es sind Details wie dieser Kran, die dein Bauwerk hervorstechen lassen. Besonders im Kontrast zu den Säulen-Quarzblöcken ergibt sich ein schickes Gesamtbild.

PRACHTVOLLER FUSSWEG

Ein beeindruckendes Gebäude braucht einen beeindruckenden Zugang. Diese gestufte Version hat ein simples, aber elegantes Design.

BOGEN MIT TOPFPFLANZE

Warum nicht auch ein paar Torbögen anstatt durchgehender Wände? Sie öffnen den Raum und können mit Vegetation ergänzt werden, um dein Bauwerk aufzuhübschen.

FORMENLEHRE MIT: WATTLES

„Bei jedem neuen Bauwerk beginne ich mit einer grundlegenden Form und baue das Ganze dann mit weiteren Formen aus. Dieser elitäre römische Tempel besteht aus vier Formen: Der Eingang ist ein Rechteck, die Hauptform des Gebäudes ein Kreis, das Innere des Tempels ein Quadrat und das Dach eine Kuppel!“

„Um komplexere Bauwerke zu realisieren, empfiehlt es sich, zuerst mit den Konturen der Formen zu beginnen. Danach tastet man sich durch Ausprobieren vorwärts, um die gewünschte Struktur zu erhalten.“

„Der Teufel steckt im Detail! Kleine Bestandteile und zweckentfremdete Blöcke hinzuzufügen, haucht einem Bauwerk erst richtig Leben ein. Ich habe beispielsweise Kessel verwendet, um etwas Ausgefalleneres zu kreieren.“

Selbst die komplexesten Bauten wie dieser imposante, von römischer Architektur inspirierte Tempel, haben einen Ausgangspunkt, und es ist nicht immer ganz leicht, herauszufinden, wie man von einfachen Formen zu fortgeschrittenen Strukturen kommt. Zum Glück kannst du im Folgenden auf ein paar echte Profitipps von YouTuber und Meisterbauer Wattles zählen.

„Kessel sind cool. Wenn du ein paar Ketten von der Decke herabhängen lässt und darunter Kessel platzierst, erhältst du hängende Kübel."

„Lagerfeuer eignen sich wunderbar als Beleuchtung. Platziere ein Lagerfeuer auf einem Block und umschließe es mit Schildern."

„Man kann offene Falltüren an Mauern, Zäunen und Eisengittern anbringen, und sie verbinden sich damit. Ideal, um Wänden einen bestimmten Look zu verpassen."

Du kannst stets Dinge ändern, bis du glücklich mit deinem Bauwerk bist. „Ich habe mit Basisformen begonnen, aber mir war wichtig, am Ende einen Freilichttempel zu erhalten. Blöcke aus den Wänden und Decken zu entfernen hat ihn geöffnet."

KONSTRUKTIONS-KOMBIS

VERBUNDEN

Die einfachste Baumethode ist, zwei oder mehr Formen zu verbinden, indem man sie aneinanderreiht. Das geht mit jeder Form, es braucht dafür nur einen Berührungspunkt. Diese einfache wie selbstverständliche Methode ist ideal für angehende Konstrukteure.

EXTRARAUM

Diese Konstruktion kombiniert zwei grundlegende Formen zu einem Haus: einen Quader und ein dreieckiges Prisma. Für zusätzlichen Raum wurde am Dach ein zweites Prisma als Alkoven hinzugefügt.

EFFEKTE

Spinnennetze lassen sich zweckentfremden, um einzigartige Schornsteinraucheffekte zu erzeugen.

BAUSTIL

Die Blöcke wurden passend zum Waldlandbaustil ausgewählt. Eine Mischung aus Basisblöcken wie Treppen, Mauern und Stufen verleiht dem Endresultat einen markanten, gestuften Look.

AUSSENBEREICH

Ein bisschen Feinschliff vor der Hütte macht dein Heim noch heimeliger.

Du kennst dich jetzt bestens mit Blöcken, Baustilen, Formen und Zweckentfremdungen von Blöcken aus – Zeit, alles Gelernte zu kombinieren. Hast du diesen Schritt gemeistert, wirst du schon bald jedes erdenkliche Gebäude bauen. Du kannst Strukturen entweder einfach verbinden oder sie gar miteinander verschmelzen lassen.

VERSCHMOLZEN

Beim Kombinieren von zwei Strukturen kannst du auch kreativer vorgehen – überlappende Formen erzeugen spaßige und ungewöhnliche Formen. Diese Bautechnik ist gar nicht so schwer zu erlernen, und sobald du sie gemeistert hast, sind deiner Fantasie keine Grenzen gesetzt.

BELEUCHTUNG

Verwende Lichter, die zu deinem Bauwerk passen. Dieses futuristische Gebäude setzt Endstäbe und Seelenfackeln für eine sterile Lichtatmosphäre ein.

KUPPELDACH

Dieses Dach ist tatsächlich eine Kuppel, die auf einer zylindrischen Basis sitzt.

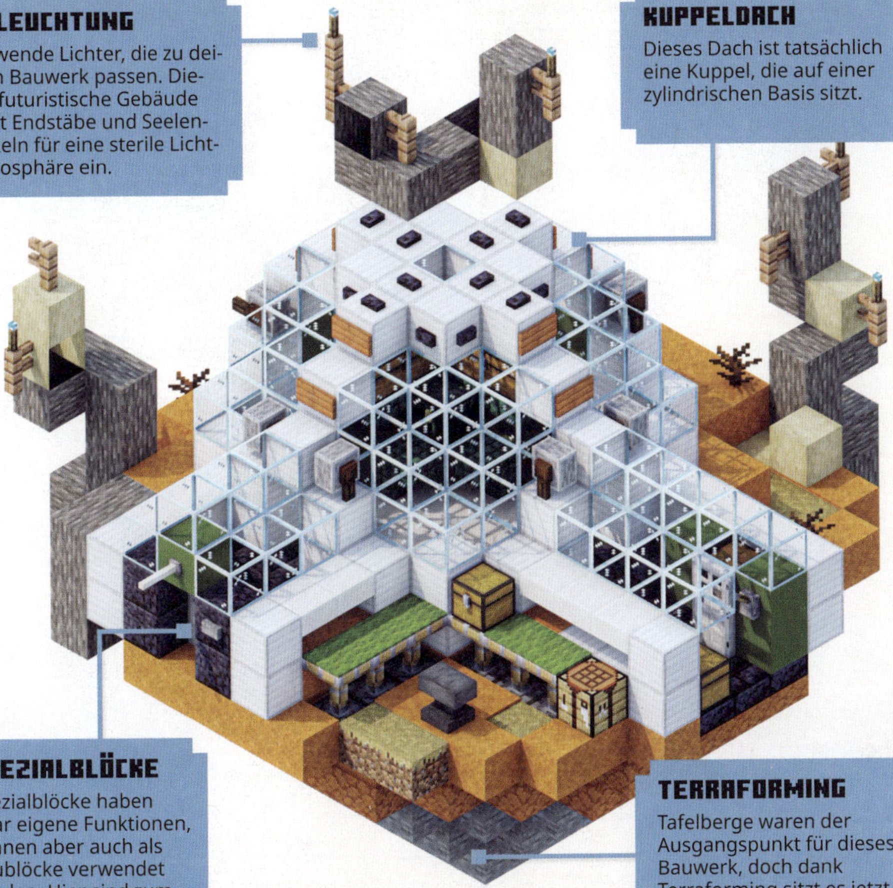

SPEZIALBLÖCKE

Spezialblöcke haben zwar eigene Funktionen, können aber auch als Baublöcke verwendet werden. Hier sind zum Beispiel Ambosse, Schalter und Kolben verbaut.

TERRAFORMING

Tafelberge waren der Ausgangspunkt für dieses Bauwerk, doch dank Terraforming sitzt es jetzt in einem einzigartigen Biom.

3

BAUWERKE

Die richtige Inspiration zu finden und den Grundstein zu legen, fällt nicht jedem angehenden Minecrafter leicht, daher haben wir eine Auswahl an einzigartigen Bauwerken zusammengestellt, die du im Spiel nachbauen kannst – folge dabei einfach den ausführlichen Anleitungen. Erkennst du in ihnen einige der Techniken wieder, die bisher im Buch behandelt wurden?

Selbstverständlich steht es dir frei, jedes Bauwerk individuell zu personalisieren und so zu deiner Eigenkreation zu machen!

GLORREICHES GEWÄCHSHAUS

SCHWIERIGKEIT:

30 Minuten

WESENTLICHE BLÖCKE

VORDERSEITE

SEITENANSICHT

DRAUFSICHT

Einfache, quaderförmige Gebäude bieten sich hervorragend für frischgebackene Konstrukteure an. Dieses Gewächshaus verwendet simple Formen und einen mit Bedacht gewählten Baustil, und das Ergebnis kann sich sehen lassen. Beachte die Beleuchtung mithilfe von Tageslichtsensoren, die dieses Bauwerk vollendet.

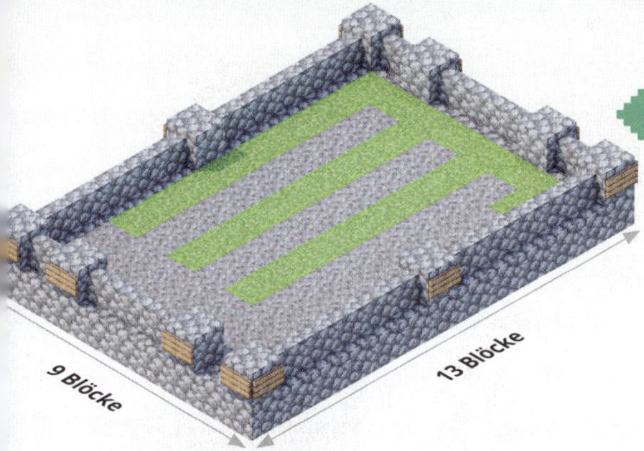

1 Beginne mit dem Fundament des Gewächshauses. Verwende Kies, Bruchstein und Bruchsteinmauern für einen ländlichen Look.

Ackerpflanzen dürfen nicht weiter als vier Blöcke von einer Wasserquelle entfernt sein, um zu wachsen.

2 Bringe als Nächstes Ackerboden entlang der seitlichen Wände an und füge Falltüren hinzu. Platziere danach zwei Wasserquellblöcke – das sichert die Bewässerung und lässt deine Feldfrüchte wachsen. Füge noch Funktionsblöcke und Gerüste hinzu.

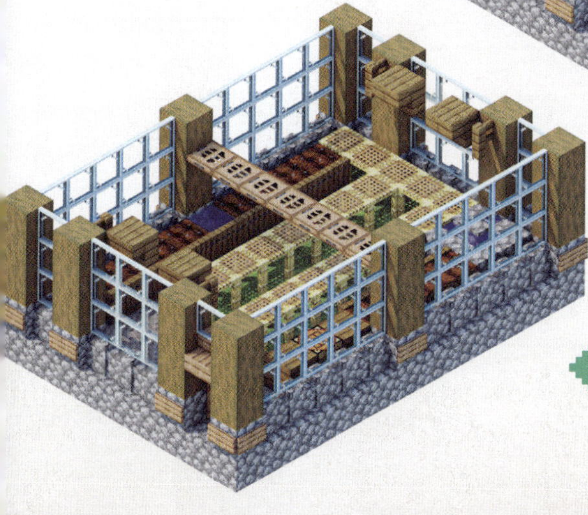

3 Baue die Wände und den Eingang aus, sobald das Parterre fertig ist. Stelle hierfür drei Blöcke hohe Säulen aus abgezogenem Fichtenholz auf und fülle die Zwischenräume mit Glasscheiben aus. Füge danach die dekorativen Falltüren, Zäune, Stufen und Treppen hinzu.

4 Befülle das Innere des Gewächshauses mit deinen liebsten Pflanzen. Auf der nächsten Seite findest du ein paar Designvorschläge als Inspiration. Du kannst auch einen Pfad zum Eingang anlegen.

5 Setze jeweils einen weiteren Block abgezogenes Fichtenholz auf jede Säule und konstruiere ein Dach aus abgezogenem Fichtenholz, Glas, Redstone-Lampen und Tropenholzstufen, wie im Bild zu sehen.

Die Tageslichtsensoren aktivieren nachts die Redstone-Lampen.

6 Zum Abschluss setzt du noch Tageslichtsensoren auf die Redstone-Lampen, um dein funktionstüchtiges Gewächshaus zu vollenden. Du kannst sein Äußeres noch mit Schaltern, Laternen und hängenden Körben verschönern.

HÄNGENDE GÄRTEN

Verwende Blätter und Ranken, um natürliche Überwucherung darzustellen!

BÄNKE

Stelle ein paar Topfpflanzen auf. Gerüste eignen sich prima für Bänke in deinem Gewächshaus!

ARBEITSFLÄCHE

Eine Werkbank kannst du in deinem Gewächshaus immer gut gebrauchen!

HÄNGENDE KÖRBE

Aus Trichtern kannst du einfach schicke hängende Körbe mit etwas Vegetation darin herstellen.

ACKERPFLANZEN

Pflanze diverse Feldfrüchte an. Aus roter Bete lässt sich z. B. eine köstliche Suppe zubereiten.

WANDREGALE

Mache dir den vertikalen Raum zunutze mit Regalen, auf denen du weitere Blumentöpfe unterbringen kannst.

VERWUNSCHENE WALDHÜTTE

SCHWIERIGKEIT: 3 von 5

60 Minuten

WESENTLICHE BLÖCKE

VORDERSEITE

SEITENANSICHT

DRAUFSICHT

Das beste Biom für dein Bauvorhaben zu wählen, macht einen riesigen Unterschied. Das Thema dieses Bauwerks ist „verwunschener Wald“, und was bietet sich dafür besser an als ein Wirrwald? Nimm dir einen Moment Zeit, bevor du dich an die Arbeit machst, und versuche die grundlegenden Formen auszumachen, aus denen diese Hütte gebaut ist.

1 Suche als Erstes nach einem geeigneten Wirrwald und baue dort das Fundament der Hütte. Indem du verschiedene Muster und Blöcke verwendest, kannst du die späteren Bereiche im Inneren bereits abstecken.

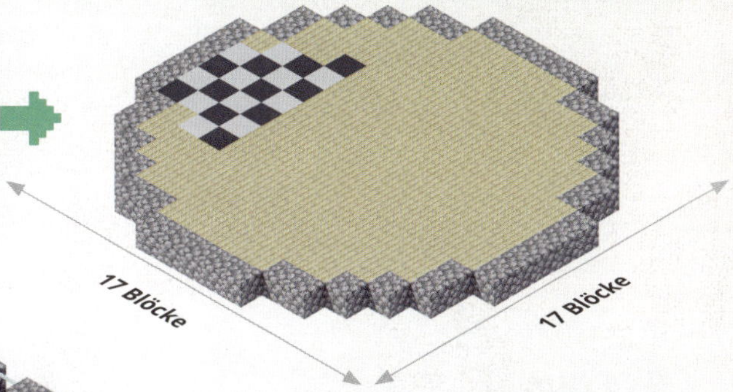

2 Beginne mit dem Bau der Wände an den Rändern deines Fundaments, vergiss aber nicht, Platz für eine Schwarzeichentür und drei Glasscheibenfenster zu lassen. Verwende eine Mischung aus Bruchstein und anderen Steinvarianten, um den Wänden Charakter zu verleihen.

3 Füge deiner Blockauswahl abgezogene Birkenholzstämme hinzu und baue die Fenster sowie die Wände zu Ende. Baue als Nächstes einen Sturz über der Tür aus Andesit, Andesittreppen und einem Block gemeißelter Steinziegel.

4 Baue nun eine Plattform aus Schwarzeichenstufen mit zwei großen Aussparungen, wie im Bild zu sehen. Füge dann außen an den Wänden Beleuchtung und dekorative Details hinzu.

Zäune als Aufhängung für Laternen und Glocken sind ideal für den perfekten Außenlook.

5 Beginne mit dem Fundament des Hüttendachs. Verwende sowohl Birkenholzbretter als auch Birkenholzstufen, um die gestufte Optik zu erzeugen.

6 Baue ein Vordach aus Birkenholzstufen rund um das Gebäude herum. Das sieht nicht nur schick aus, sondern ist auch perfekt, um deine Laternen und Glocken davon herabhängen zu lassen.

Die kopfstehenden Steinziegeltreppen sorgen dafür, dass sich deine Hütte geräumiger anfühlt.

7 Füge andere Blöcke hinzu, um einen Kontrast zum verbauten Birkenholz zu schaffen. Wir verwenden Heuballen und Steinziegeltreppen, da sie sich gut abheben – auf den Seiten 16 und 17 kannst du nachschlagen, wie man die farblich passenden Blöcke für einen bestimmten Baustil wählt.

8 Baue das Dach weiter aus mit einem nächsten Blockring oberhalb des Rings aus Schritt 7. Die zusätzliche Höhe erlaubt es den Spielern, aufrecht zu stehen.

9 Es folgt eine weitere Schicht, die einen Block weiter nach innen eingerückt ist, um eine Kuppelform zu erschaffen.

10 Auf das Ganze setzt du noch eine Blöckeschicht mit einer 5 × 5 Blöcke großen Aussparung.

TOP-TIPP

Das Dach der Hütte ist eine in vier Sektionen unterteilte Kuppel. Auf den Seiten 40 und 41 kannst du alles über sphärische Formen nachlesen, und wie man sie baut.

11 Versiegele das Dach mit einem Dachflächenfenster. Dieses Oberlicht sorgt tagsüber für eine natürliche Raumbeleuchtung. Baue danach auf allen vier Seiten Alkoven aus verschiedenen Varianten von Schwarzeichenholz an.

Der blaue Farbton von Seelenlagerfeuern gibt deiner Hütte ihre verwunschene Aura.

12 Zum Abschluss geht es um den Feinschliff: Bringe als Kontrast zum Schwarzeichenholz entlang der Alkovenwände Birkenschilder und -schalter an und verwende Seelenlagerfeuer, um deine Hütte auf unheimliche Weise zu erleuchten.

TOP-TIPP

Seitenräume und Alkoven hinzuzufügen ist eine großartige Methode, um Gebäude geräumiger erscheinen zu lassen.

KÜCHE

Installiere eine Küche im mit grauem und weißem Beton ausgelegten Bereich des Erdgeschosses. Verbaue Öfen zum Kochen und Truhen zum Aufbewahren deiner Nahrungsmittel.

ERDGESCHOSS

SCHLAFZIMMER

Stelle ein Bett im Obergeschoss auf, um deinen Standort speichern zu können. Platziere einige mit nützlichen Gegenständen gefüllte Truhen, damit du dich nach einer Wiederbelebung sofort wieder ins Abenteuer stürzen kannst.

RANKEN-TREPPENHAUS

Du erhältst ein ausgefallenes Treppenhaus und bringst mit Vegetation Leben in deine Hütte. Gewächse sind immer eine kreative Ergänzung und können stressmindernd wirken!

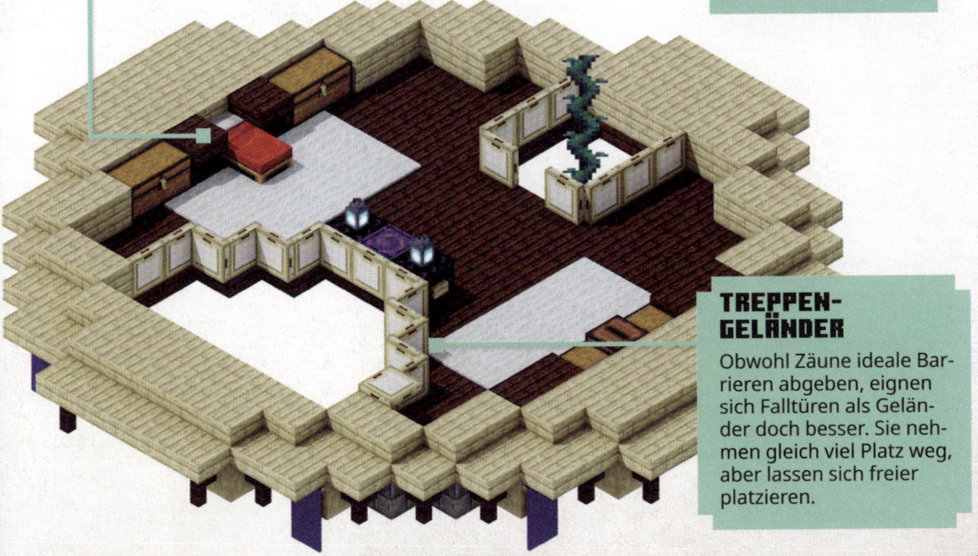

TREPPEN-GELÄNDER

Obwohl Zäune ideale Barrieren abgeben, eignen sich Falltüren als Geländer doch besser. Sie nehmen gleich viel Platz weg, aber lassen sich freier platzieren.

OBERGESCHOSS

KORALLENBUCHT-ZUFLUCHT

SCHWIERIGKEIT:

50 Minuten

WESENTLICHE BLÖCKE

VORDERSEITE

SEITENANSICHT

DRAUFSICHT

Unter Wasser zu bauen hat seine ganz eigenen Tücken, vom Atmen bis hin zum Trockenlegen deiner Räume. Im Kreativmodus entfallen ein paar der Hürden, aber Übung macht den Baumeister. Suche dir also ein schön buntes Korallenriff und mach dich an die Arbeit.

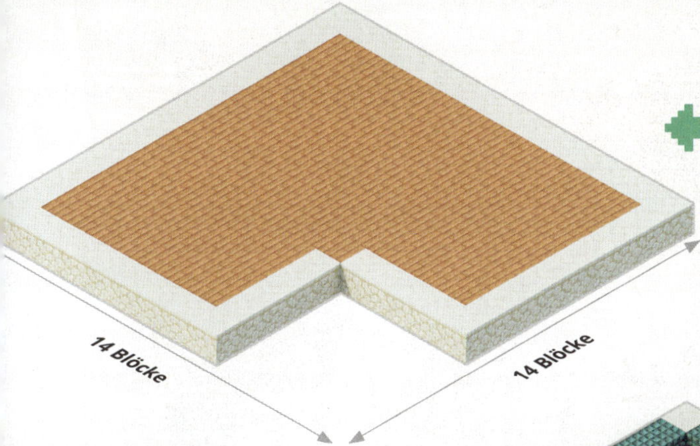

1 Lege mit Sandstein und Akazienholzbrettern das Fundament deiner Unterwasserzuflucht. Falls keine ebene Oberfläche vorhanden ist, wirst du zunächst etwas Terraforming am Korallenriff betreiben müssen, bevor du loslegen kannst.

2 Die erste Wandschicht besteht aus dunklem Prismarin und Sandstein. Füge auch einen Bereich für einen Alkoven hinzu.

Dein Bauwerk sollte sich in das Korallenriff einfügen.

3 Erweitere die Wände mit orangem Glas und Sandsteinvarianten.

4 Werte die Wände mit schicken Stützsäulen auf, bestehend aus Treppen, Mauern, zusätzlichen Blöcken und Schildern. Bringe eine Eisentür am Eingang an – mit Schaltern, um sie zu öffnen und zu schließen.

5 Baue die Wände mit einer weiteren Schicht in die Höhe – mit Sandstein und orangem Glas. Lege dann die Grundlage für ein Obergeschoss, indem du wie im Bild zu sehen zwei Tragebalken einfügst.

6 Lege den Boden des Obergeschosses mit Akazienholzstufen und Glowstone aus, aber lasse eine Lücke für Leitern. Der Glowstone sorgt für stimmungsvolles Licht.

TOP-TIPP

Unter Wasser kann es dunkel sein. Mit einem Trank der Nachtsicht hast du aber den Durchblick.

7 Baue aus Blockvarianten roten Sandsteins eine Begrenzung auf die Wände des Gebäudes und wende dich dann der Konstruktion der Wände eines weiteren Raums zu – benutze dafür Prismarin und Sandsteinmauern.

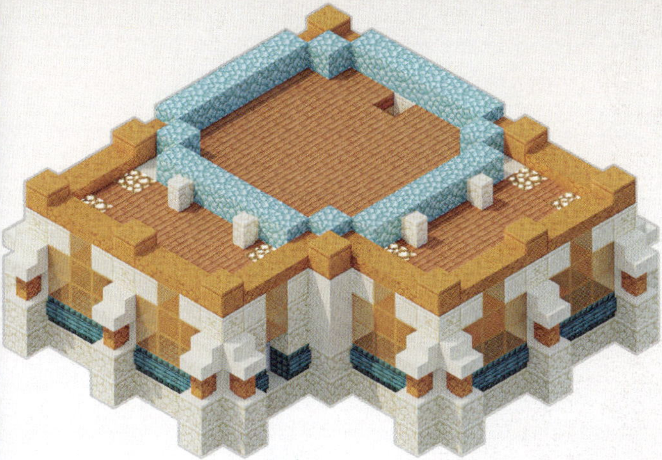

DRAUFSICHT

8 Ziehe die Wände wie im Bild in die Höhe, unter Verwendung von Glas, Prismarin und dunklem Prismarin.

9 Setze einen weiteren Blockring auf die Wände, wie im Bild zu sehen.

Das Dach hat eine Kuppelform. Schlage für mehr Informationen auf Seite 40 nach.

10 Beginne nun mit dem Bau eines Kuppeldachs für deine Zuflucht. Platziere dafür zunächst einen Blockring aus Glas.

11 Es folgt ein weiterer Ring aus Glas, der einen Block weiter zum Zentrum eingerückt ist.

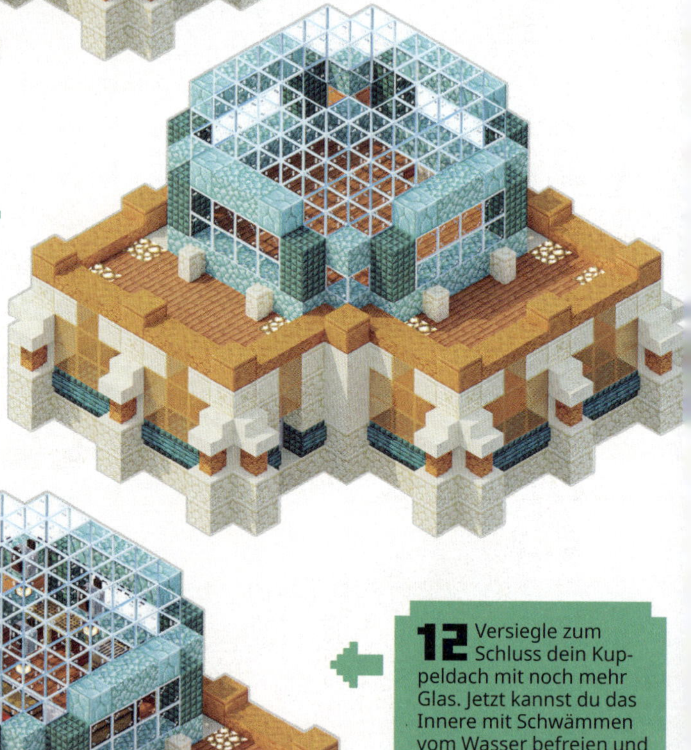

Stelle sicher, dass alles wasserdicht ist, bevor du mit dem Trockenlegen beginnst!

12 Versiegle zum Schluss dein Kuppeldach mit noch mehr Glas. Jetzt kannst du das Innere mit Schwämmen vom Wasser befreien und dich danach der Raumgestaltung zuwenden.

MEHRSTÖCKIG

Bringe Leitern an der hinteren Wand an, um Zugang zum Obergeschoss zu haben. Zuvor muss der Raum vom Wasser befreit werden.

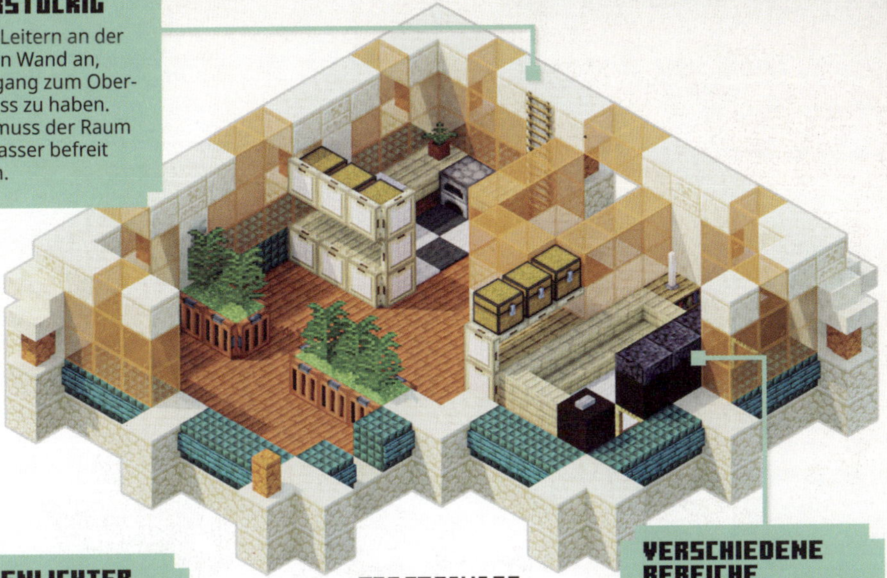

ERDGESCHOSS

DECKENLICHTER

Denk daran, Beleuchtung zu installieren. Deckenlichter sind eine effektive Art, für erhellte Räume zu sorgen, ohne den Raum zu überladen.

VERSCHIEDENE BEREICHE

Mit kreativer Blockplatzierung kannst du Teilbereiche schaffen. Graue und weiße Teppiche machen auf den ersten Blick klar, dass es sich um die Küche handelt.

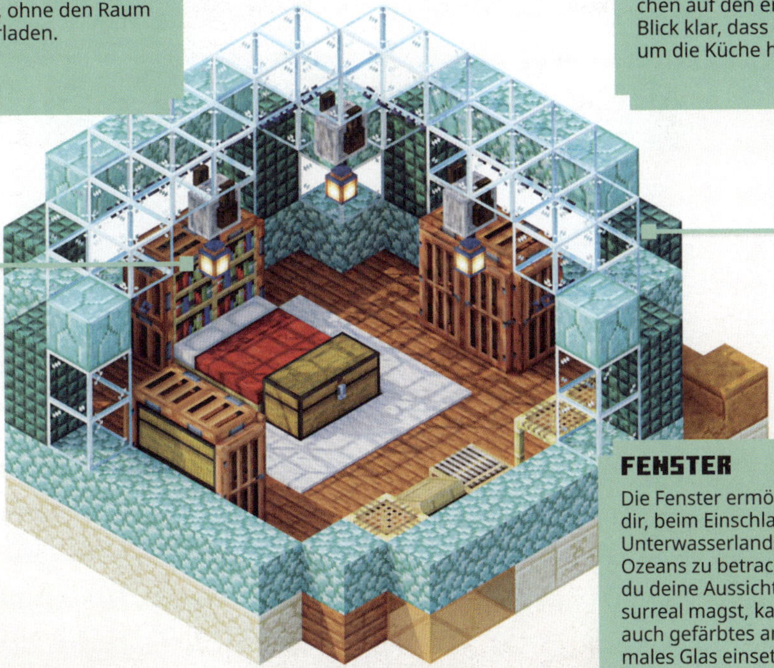

OBERGESCHOSS

FENSTER

Die Fenster ermöglichen es dir, beim Einschlafen die Unterwasserlandschaft des Ozeans zu betrachten. Falls du deine Aussicht leicht surreal magst, kannst du auch gefärbtes anstatt normales Glas einsetzen.

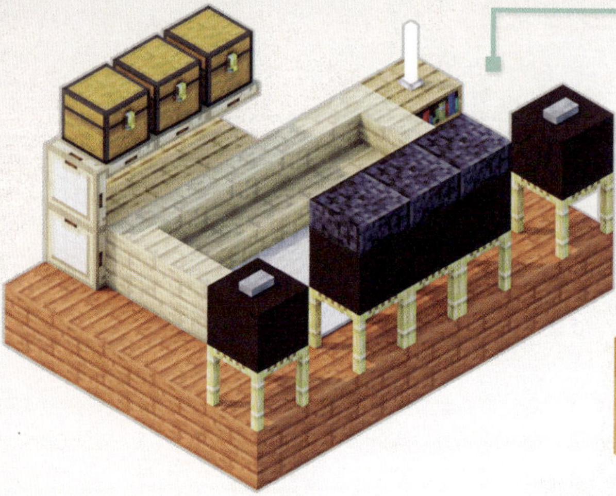

WOHNRAUM

Eine gemütliche Wohnecke steigert den Wohlfühlfaktor. Mit Teppichen und Bücherregalen sorgst du für ein entspannendes Ambiente, und aus Treppen entsteht eine schicke Sitzgelegenheit.

GLOWSTONE

Verbaue diese einfachen Lichter direkt im Fußboden.

FERNSEHTISCH

Vertraute Einrichtungsgegenstände lassen dein Zuhause kompletter und realistischer erscheinen. Baue Mobiliar aus der echten Welt nach – dieser Fernsehtisch besteht aus Gerüsten, Schaltern und verschiedenen Blöcken.

EINGANG

Der Eingang sollte eine Druckschleuse sein, damit du deine Behausung betreten und verlassen kannst, ohne dabei das Erdgeschoss zu fluten!

SCHLAFZIMMER

Das durch die Glaskuppel dringende Licht des Ozeans wiegt dich sanft in den Schlaf. In diesem Schlafzimmer bist du von Fenstern und einer durchsichtigen Decke umgeben, was dir einen Panoramablick auf die Meeresfauna und -flora gewährt.

KORALLENGARTEN

Fülle deinen kleinen Alkoven mit Korallen und reichlich Seegurken, um das herrliche Farbenspiel zu genießen.

TOPFPFLANZEN

Verwende Tropenbaumfalltüren, Erde und große Farne, um diese hübschen Topfpflanzen zu erhalten. Sie sind kompakt und finden auch an beengten Stellen Platz.

BODENBELAG

Teppiche – in unserem Beispiel graue und weiße – sorgen für einen abwechslungsreicheren Fußboden. So entsteht ein angenehmer Kontrast zum restlichen Bodenbelag.

HANDWERKSLEHRE MIT: TEAM VISIONARY

Vor jedem Baubeginn steht die Wahl des Baustils. Dieser Tempel ist an die atemberaubenden Tempel Chinas mit ihren konischen Dächern angelehnt. „Sicher ist dir aufgefallen, dass wir jede Menge Stufen, Treppen und Zauntore verbaut haben. Diese kleinen Blöcke können einen großen Unterschied machen."

Sobald der Baustil feststeht, folgt im nächsten Schritt die dazu passende Blockauswahl. „Wir haben diverse Blöcke verwendet, hauptsächlich TNT, Birkenstämme und weiße Keramik, um die Wände möglichst farbenreich zu gestalten." Die Blockauswahl frühzeitig zu treffen, stellt sicher, dass der Stil von Anfang bis Ende gewahrt bleibt.

Bevor du das Bauwerk fertigstellst, solltest du noch einmal in dich gehen und prüfen, ob sich hier und da nicht noch ein paar kleine Details hinzufügen lassen. Details „symmetrisch um dein Bauwerk herum" anzubringen – wie Schalter und Falltüren –, sorgt für den letzten Feinschliff.

Jedes neue Bauwerk birgt Herausforderungen. Wie und wo fängt man an? Team Visionary gibt im Folgenden ein kleines Gastspiel und teilt dieses atemberaubende Bauwerk mit uns sowie ein paar ihrer handwerklichen Tricks, die bei ihren Werken zum Einsatz kommen. Als Team von professionellen Baumeistern kennen sie sich mit epischen Bauwerken bestens aus!

„Dünne Blöcke eignen sich hervorragend für kleine, aber feine Details." Sieh genau hin, und du wirst feststellen, wie dünne Blöcke wie Banner und Blumentöpfe für einzigartige Merkmale sorgen.

„Ungewöhnliche Blöcke zum Bauen zu verwenden, wie z. B. Brauständе, Zauntore, TNT oder auch Ambosse, kann deine Bauwerke auf überraschende Weise ergänzen!"

Verwende gleichfarbige Blöcke, die allerdings verschiedene Oberflächentexturen haben. Sieh dir die blauen Blöcke im Bild links an. Sie liefern einen überzeugenden Farbverlauf, der die Optik des Gebäudes aufwertet!

„Siehst du, wie sehr Netherziegelblöcke, Bruchsteinstufen, dunkler Prismarin und grüner Trockenbeton harmonieren? Eine unerwartete Kombination, nicht wahr?"

FUTURISTISCHES ANWESEN

SCHWIERIGKEIT: 4 von 5

90 Minuten

WESENTLICHE BLÖCKE

VORDERSEITE

SEITENANSICHT

DRAUFSICHT

Mit ein wenig Vorausplanung werden dir deine Bauwerke noch besser von der Hand gehen. Wenn du die Lichter gleich in den Grundfesten verbaust, wird die Ästhetik deines Gebäudes nicht von unaufgeräumten Redstone-Mechanismen getrübt und du erhältst zudem imposante Beleuchtung. Redstone zu verstecken, kann für viele Zwecke dienlich sein.

Wende eine Schaufel auf Grasblöcke an, um Trampelpfade zu erschaffen.

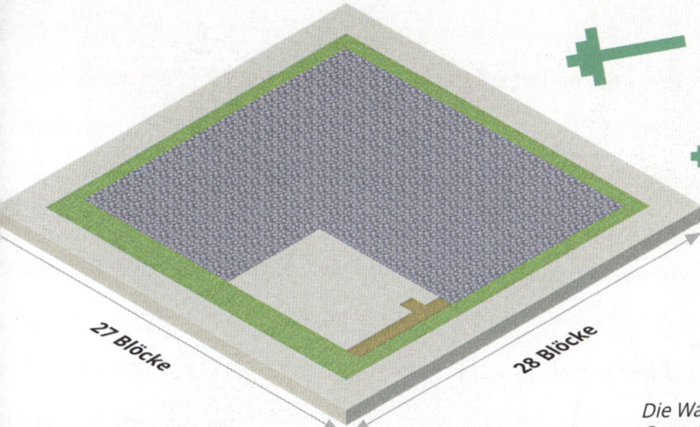

1 Bereite als Erstes einen Bereich für dein Bauwerk vor, unter Verwendung von Grasblöcken und Sand. Im Gegensatz zu den bisherigen Bauten hat dieses Anwesen einen Verteidigungsring rund um das Hauptgebäude.

Die Wasserquelle ist in die Quarzblöcke integriert.

2 Lege das Fundament für dein futuristisches Anwesen und verwende dafür Tropenholzbretter, blaue Keramik, Bruchstein und Quarzblöcke. Platziere einen Wasserquellblock im Bad, wie im Bild zu sehen.

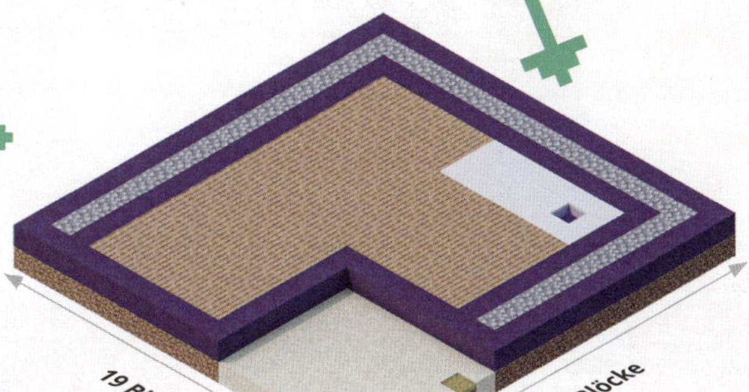

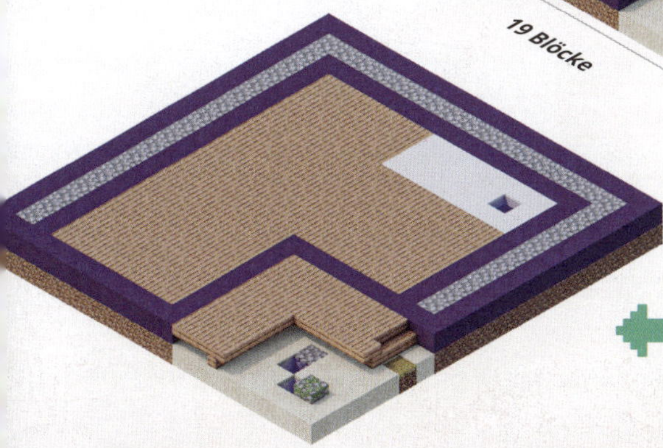

3 Baue eine kleine Terrasse vor dem Anwesen – nimm dafür Tropenholzstufen und -treppen. Kopfstehende Treppen sind ideal, um deine Terrasse zu erhöhen. Verziere sie anschließend mit bemoostem Bruchstein und Wasserquellen.

4 Beginne mit dem Bau der Wände und nutze dafür blaue Keramik und graue Glasscheiben. Damit deine Redstone-Beleuchtung später funktioniert, ist es wichtig, dieser Anleitung genau zu folgen. Integriere Stufen in die Wände und lege auf jede davon Redstone-Staub.

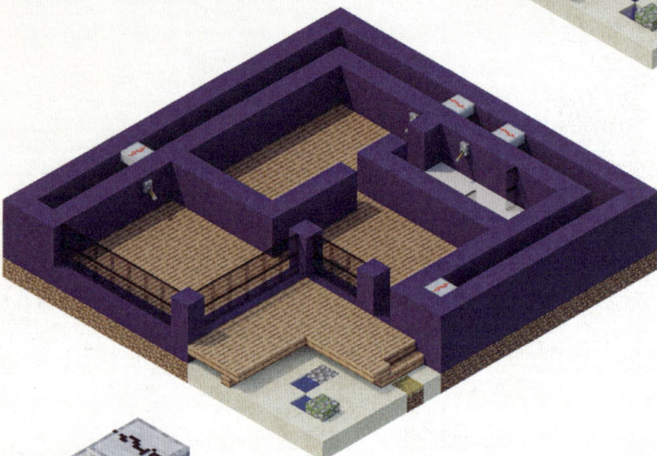

5 Baue die Wände mit einer nächsten Blockschicht weiter aus. Platziere Hebel wie im Bild zu sehen und füge dann jeder Signalleiter jeweils noch eine Stufe mit Redstone-Staub hinzu.

Die Signalleiter verbindet die Hebel mit den Lichtern.

6 Baue die Wände mit noch einer Schicht weiter in die Höhe, aber diesmal mit hellblauer Keramik. Dementsprechend erweiterst du auch die Signalleitern.

7 Baue die Wände weiter in die Höhe aus, und setze glatte Quarztreppen auf die grauen Glasscheiben. Danach folgt noch eine letzte Stufe mit Redstone-Staub auf jeder der Signalleitern.

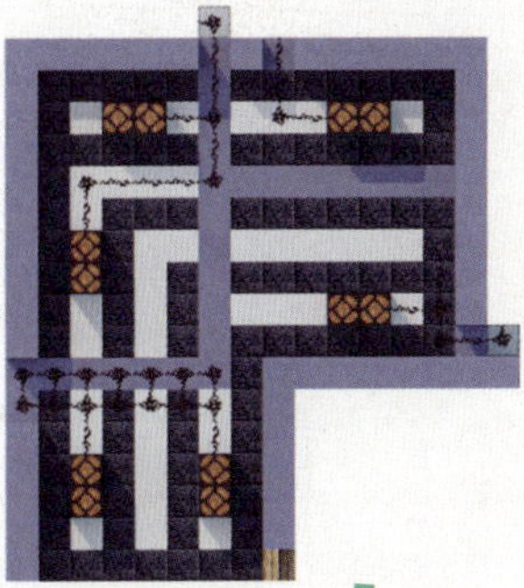

DRAUFSICHT

8 Baue als Nächstes eine Decke mit glatten Quarzstufen und polierten Schwarzsteinstufen – lasse dabei aber Lücken wie im Bild zu sehen.

9 Jetzt ist es Zeit, das Redstone-Beleuchtungssystem einzubauen! Füge wie im Bild zu sehen eine weitere Schicht aus hellblauer Keramik hinzu und platziere dann Redstone-Lampen, die du per Redstone-Staub mit den Signalleitern verbindest.

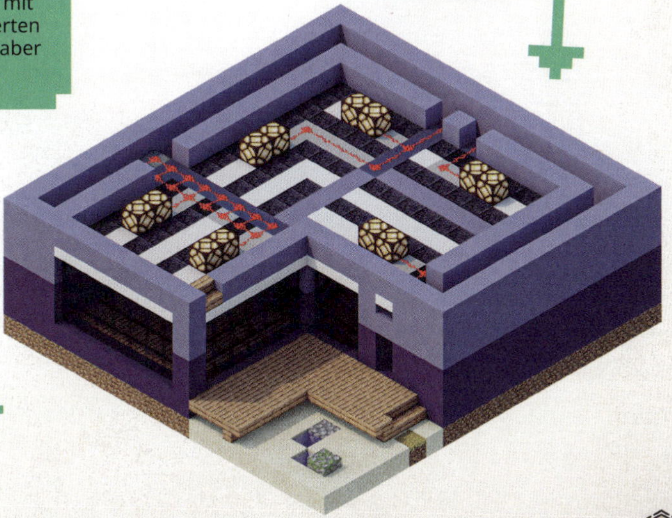

10 Verstecke dein Beleuchtungssystem unter einer Dachterrasse aus Grasblöcken und Podsol. Baue ein Treppenhaus aus Tropenholztreppen und lege Trampelpfade auf dem Dach an.

11 Konstruiere eine Umzäunung aus Tropenbaumzäunen um die Dachterrasse herum und bringe Fackeln an, um Monster abzuhalten. Baue dann ein Geländer aus Akazienfalltüren für das Treppenhaus und bringe Tropenbaumschalter rund um das Gebäude an.

Den kleinen Gartenteich kannst du mit Seegurken erhellen.

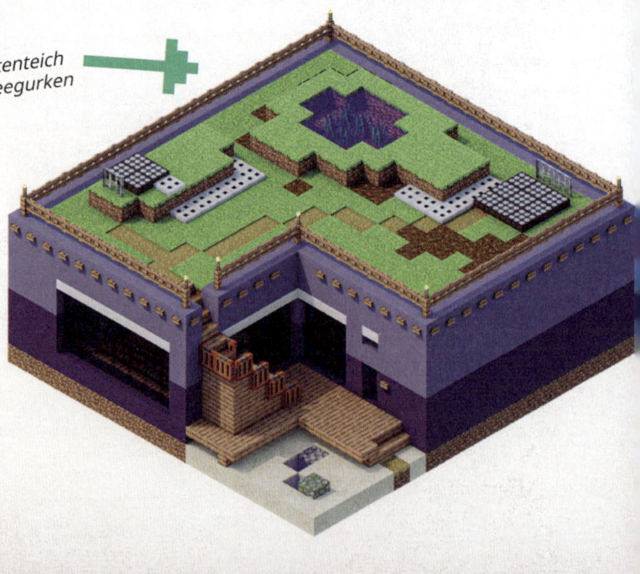

12 Baue mit Grasblöcken ein erhöhtes Beet und lege einen Teich darin an. Auf S. 82 und 83 findest du Anregungen zur Verschönerung der Dachterrasse.

13 Kreiere nun deine eigenen Bäume und platziere doppelt hohes Gras auf den Grasblöcken des Verteidigungsrings. Auch das Dach sollte mit Pflanzen versehen werden.

Die Baumkreationen verwenden Akazienstämme und -blätter.

14 Zeit, den Verteidigungsring anzulegen. Baue einen Schutzwall aus hellgrauer Keramik und glatten Steinstufen und füge im Eingangsbereich eine Eisentür mit Schaltern hinzu. Erhelle dann dein Anwesen mit Redstone-Lampen und Tageslichtsensoren.

15 Zu guter Letzt umsäumst du das Gelände noch mit Kakteen. Platziere sie in einem Block Abstand voneinander, damit Eindringlinge nicht unbeschadet hindurchschlüpfen können.

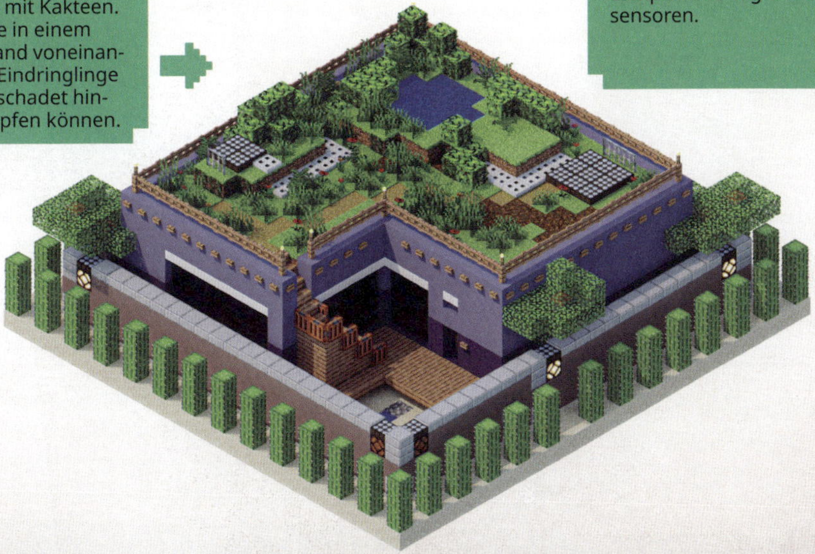

DEKORATIONEN

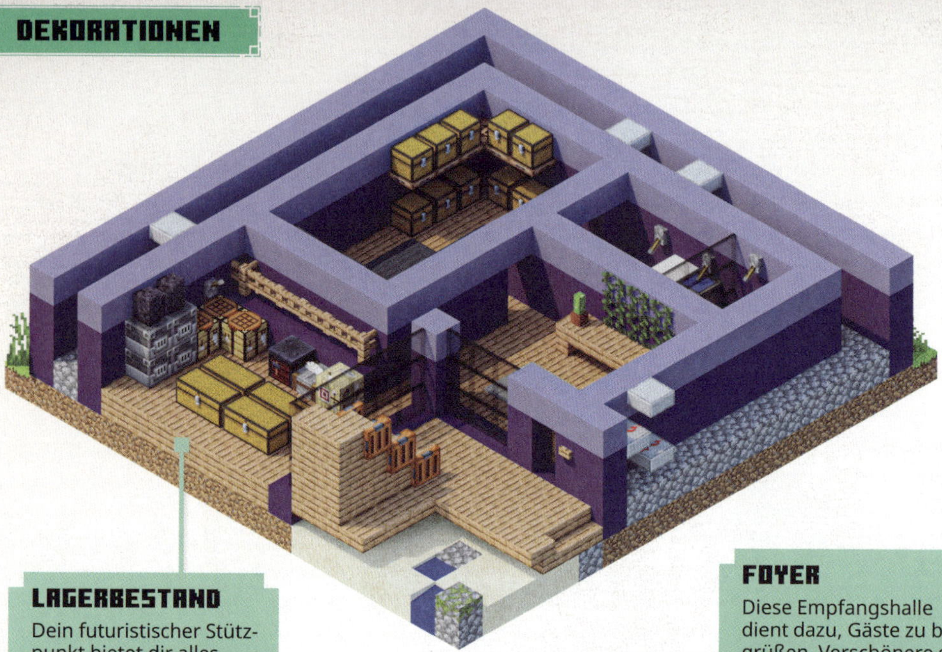

LAGERBESTAND

Dein futuristischer Stützpunkt bietet dir alles, was du für dein nächstes Abenteuer brauchst – vor allem viel Stauraum für wichtige Ressourcen.

FOYER

Diese Empfangshalle dient dazu, Gäste zu begrüßen. Verschönere sie beliebig – wie wäre es mit einem Rüstungsständer für deine Elytren?

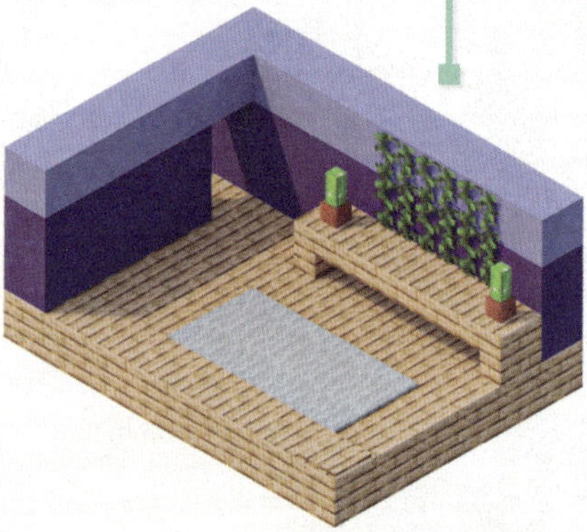

DACHTERRASSE

Das Treppenhaus ermöglicht einen schnellen und einfachen Zugang zu deinem Dachgarten.

VERSTECKTE TECHNIK

Obwohl das Anwesen futuristisch ist, kannst du dennoch Mengen von Vegetation unterbringen, wie Blätterwerk und Blumen.

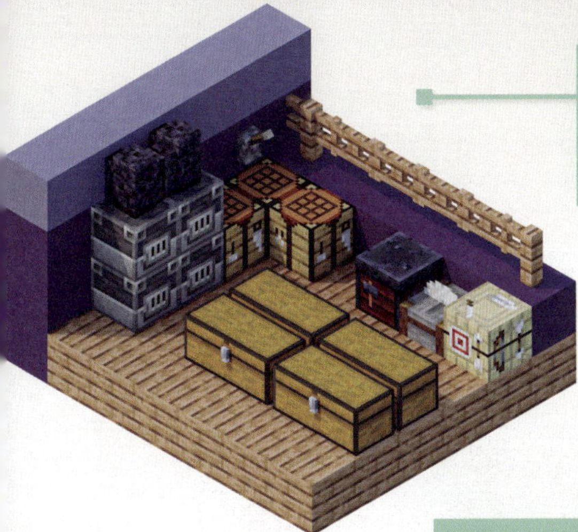

FUNKTIONSBLÖCKE

Deine meistverwendeten Blöcke mit zusätzlichen Funktionen sollten beieinanderstehen, damit du all deine Baumaterialien in einem Aufwasch vorbereiten kannst.

EINGANG

Sichere deinen Eingang mit Kakteen und einer Eisentür. Kakteen können nur auf Sand oder rotem Sand platziert werden.

BADEZIMMER

Badezimmer können sehr schlicht gestaltet sein. Dieses Design bietet eine Wasserstelle und ein Waschbecken.

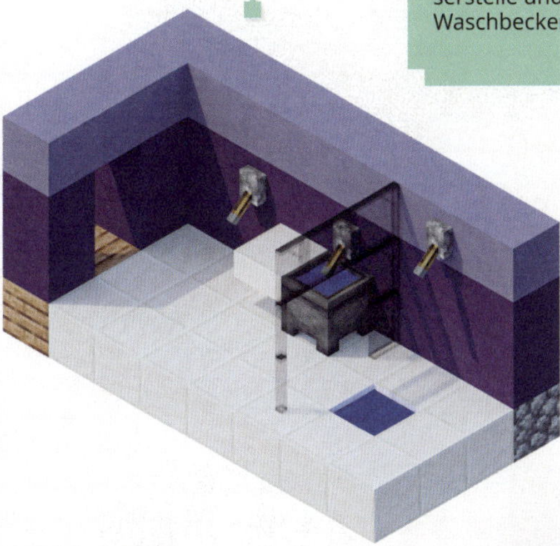

WOHNRAUM

Das Anwesen soll dein Überleben sichern und verzichtet daher auf Komfort! Auch im Wohnzimmer solltest du deshalb deine Vorräte stets zur Hand haben, denn das nächste Abenteuer kann jederzeit beginnen.

INSPIRATION FINDEN MIT: VARUNA

„Wie so viele unserer Generation treibt uns der Gedanke an, die Welt zu einem besseren Ort zu machen. Eines der großen Probleme unserer Zeit ist die Klimaerwärmung, also dachten wir uns: Wie können wir das ändern? Gemeinsam haben wir dann beschlossen, die Hauptquelle von Kohlenstoffdioxid (CO_2) als Inspiration zu nehmen: Fabriken."

„Dampfmaschinen wurden Anfang des 19. Jahrhunderts erfunden, und ab den 1850er-Jahren kamen sie in Fabriken als Triebkraft für effiziente Produktion zum Einsatz." Diese Industriefabrik nutzt für die Kammern die authentischen Grautöne von Stein und Bruchstein.

„Heutzutage wissen wir, dass die Verschmutzung durch Fabriken fatal sein kann, also haben wir eine fortschrittliche Filteranlage entworfen." Dieses System dämmt die Gase in Rohren aus rotem Sandstein und Granit ein und leitet überschüssige Wärme in nahegelegene Wohnhäuser weiter.

Die richtige Inspiration für das nächste Bauwerk zu finden, ist oft nicht leicht, also haben wir das professionelle Bauteam Varuna gefragt, wie sie aus einer einfachen Idee ein groß angelegtes Bauprojekt entwickeln. Wir haben ihnen die Aufgabe gestellt, etwas zu bauen, das die Welt zu einem besseren Ort macht. Das ist das Ergebnis.

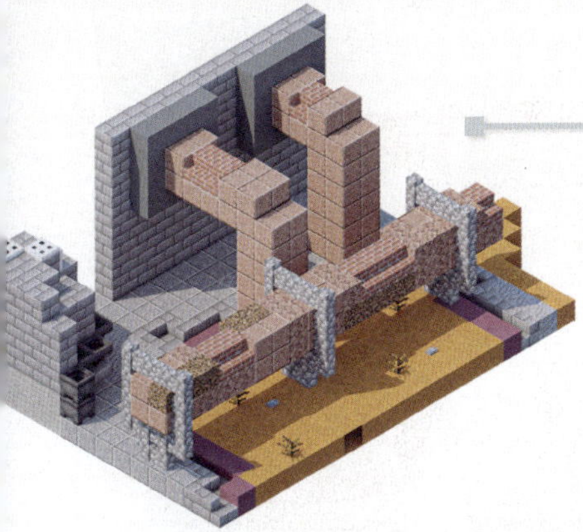

Industrieanlagen wie diese produzieren jede Menge überschüssige Wärme. Doch sobald die heißen Gase gefiltert wurden, werden sie mittels Untergrundrohren in nahegelegene Häuser umgeleitet. Die Rohre sind mit Bruchsteinmauern verstärkt, um sicherzustellen, dass keine gefährlichen Gase in die Umwelt gelangen.

Diese Filteranlage besteht aus Andesit und Eisenblöcken. Jede Kammer filtert die Gase weiter, damit unser Planet gesund bleibt.

„Dampfmaschinen werden mit druckverdichtetem Dampf betrieben. Sieh genau hin, und du kannst die Rohre ausmachen, durch die die heiße Luft in die Metallkammern gelangt." Die Rohre bestehen aus Netherziegelblöcken für einen abgenutzten, verschmutzten Look.

MITTELALTER-LICHES LANDHAUS

SCHWIERIGKEIT:

30 Minuten

WESENTLICHE BLÖCKE

VORDERSEITE

SEITENANSICHT

DRAUFSICHT

Du hast jetzt schon ein paar Bauwerke fertiggestellt und ordentlich Erfahrung gesammelt – Zeit, in größeren Dimensionen zu denken. Deine Kreationen kannst du nach Belieben ausbauen, Hauptsache, du bleibst deinem Baustil treu. Wenden wir uns jetzt einem mittelalterlichen Landhaus zu. Wenn du damit fertig bist, kannst du ein ganzes Dorf drumherum bauen!

Benutze eine Schaufel, um Grasblöcke in Trampelpfade zu verwandeln!

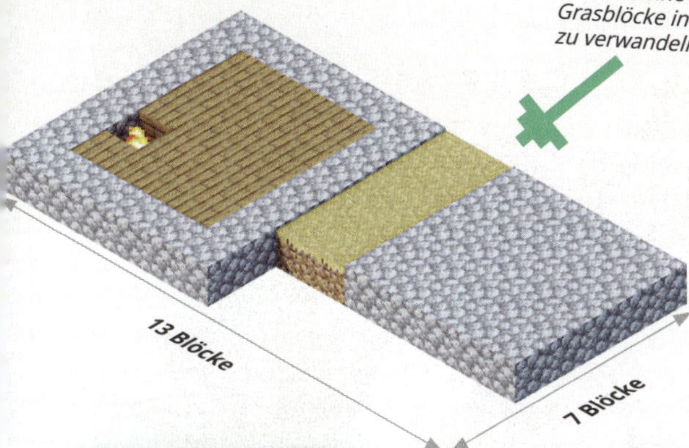

1 Als Erstes steht die Suche nach einem geeigneten Ort für dein Bauwerk an. Du solltest nach einer großen und offenen Fläche suchen, damit du weitere Gebäude hinzufügen kannst. Sobald du dich für einen Standort entschieden hast, lege das Fundament für dein Landhaus.

2 Errichte auf dem Grundriss aus Bruchstein die Wände des Landhauses – ebenfalls aus Bruchstein, aber auch Steinziegel kommen zum Einsatz – und setze eine Fichtentür ein. Aus Glasscheiben entstehen die Fenster. Baue zudem noch Gucklöcher mit nach oben und unten zeigenden Bruchsteintreppen.

3 Baue die Wände weiter aus, wie im Bild zu sehen. Als Nächstes folgen Treppenhäuser aus Fichtenholztreppen und -stufen.

4 Verbinde die Gebäude mit einem Obergeschoss. Konstruiere das Fundament über den Treppenhäusern mit Fichtenholzstufen, -stämmen und Bruchstein, mit Schaltern und Zaunpfosten als Deko.

5 Baue die Wände zwei weitere Blöcke in die Höhe, wie im Bild zu sehen – verwende dafür Fichtenstämme und Diorit, um dich an Fachwerkarchitektur anzulehnen. Setze jede Menge Fenster ein, um das Obergeschoss mit Tageslicht zu fluten.

6 Als Nächstes entstehen die Dachgerüste. Verwende Fichtenstämme und Diorit, um die dreieckigen Formen für zwei Dächer vorzubereiten.

Auf Seite 39 kannst du alles über dreieckige Prismen nachschlagen.

7 Vollende die zwei dreieckigen Dächer unter Verwendung von Fichtenholztreppen, Bruchstein, Bruchsteintreppen und -stufen.

8 Verbinde die beiden Dächer zu einem Konstrukt, wie im Bild zu sehen.

Ein paar Farbtupfer gefällig? Dann bringe bunte Banner an!

9 Erweitere die Dächer mit Bruchstein- und Andesittreppen und bringe einen Schornstein am größeren Dach an. Verpasse dem Haus zum Abschluss noch mit ein paar Schaltern und Falltüren den letzten Feinschliff.

TREPPENHAUS

Dieses superkompakte Treppenhaus ist schnell gebaut und lässt genügend Platz für Truhen und Fässer.

ERDGESCHOSS

KOCHSTELLE

Das Haus wird mit einer feurigen Kochstelle gleich viel gemütlicher und wärmer, und es duftet nach Ragout.

ABSTELLKAMMER

Nutze den Platz unter der Treppe optimal aus mit diesem kleinen Abstellraum!

STATTLICHES GEMACH

Dein Schlafzimmer darf mit einem schönen dicken Teppich, einem Doppelbett und Truhen als Nachtkästchen gerne etwas prunkvoller ausfallen.

OBERGESCHOSS

SCHIESSSCHARTE

Baue eine praktische Schießscharte aus zwei entgegengesetzten Treppen in die Wand ein.

BÜRO

Jede Führungsperson braucht ein Büro, in dem sie ihr Amt ausüben kann!

Sobald du mit dem Landhaus fertig bist, kannst du dich an einem ganzen dazugehörigen mittelalterlichen Dorf versuchen. Dafür bieten sich dir zahlreiche Möglichkeiten, von Wachtürmen und Marktständen bis hin zu Karren und Brücken. Woraus wird dein Dorf bestehen?

MARKTSTAND

Die Stände zeugen von einer florierenden Gemeinde. Dorfbewohner werden nützliche Gegenstände gegen Ressourcen tauschen.

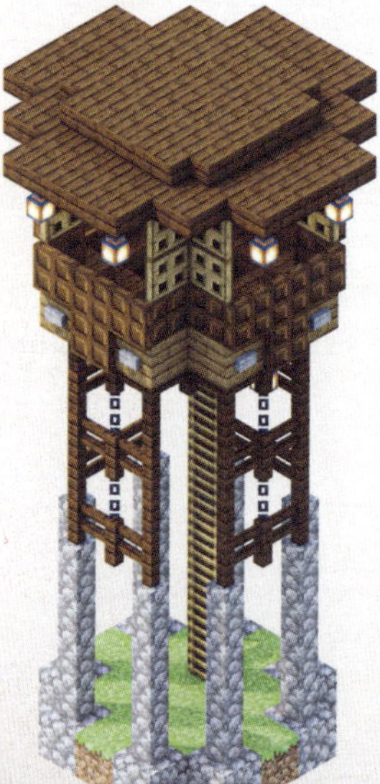

WACHTURM

Plünderer sind immer auf der Suche nach Dörfern, die sie überfallen können, also empfiehlt es sich, Ausschau nach Gefahr zu halten. Ein Wachturm verschafft dir einen hohen Aussichtspunkt, um auf böse Überraschungen vorbereitet zu sein!

WAFFENSCHMIEDE

Zu deinem Baustil passende Strukturen lassen dein Dorf besonders authentisch wirken. Waffenschmieden bieten sich an sowie Gerbereien und Pfeilmachereien.

KARREN

Kleinere Merkmale wie Karren, Brücken, Pfade und Teiche sind hervorragend geeignet, um großflächige Projekte interessant zu gestalten. Und sie lassen sich überall gut einfügen.

BRUNNEN

In Zeiten der Dürre ist ein Wasserloch perfekt, um dein Ackerland bewässert zu halten.

AUF WIEDERSEHEN

Das war's auch schon! Du hast das Ende unseres Handbuchs für Kreative erreicht! Wir hoffen, dass du das eine oder andere gelernt hast und dein Kopf jetzt vor Ideen übersprudelt, die du gleich in die Tat umsetzen willst. Aber bevor du dich in der Welt von Minecraft austobst, haben wir noch eine letzte Lektion für dich – und es ist tatsächlich die wichtigste von allen.

Belasse es nicht dabei, was du in diesem Buch gelesen hast!

Es gibt keine richtige oder falsche Art zu bauen, und du tust definitiv das Richtige, wenn du Spaß dabei hast. Das Expertenwissen und die Bauanleitungen in diesem Buch sind ein großartiger Startpunkt, und jetzt, wo du alles verinnerlicht hast, liegt es an dir, deine Fähigkeiten mit fantastischen Bauwerken auf die Probe zu stellen.

Und du bist nicht allein. Dir stehen unzählige Ressourcen zur Verfügung auf der Minecraft-Webseite, dem Marktplatz und dem Wiki, und es ist völlig in Ordnung, dich ausführlich umzusehen und nach Inspiration zu suchen. Lass dich keineswegs davon entmutigen, wenn deine Bauwerke noch nicht ganz mithalten können – die Besten brauchen Monate bis zur Fertigstellung, selbst wenn ganze Teams daran arbeiten. Und glaub uns: Sie alle haben mal klein angefangen.

OKAY, JETZT SIND WIR ABER WIRKLICH FERTIG. WORAUF WARTEST DU NOCH? SEI KREATIV! WIR KÖNNEN ES NICHT ERWARTEN, ZU SEHEN, WAS DU BAUEN WIRST!

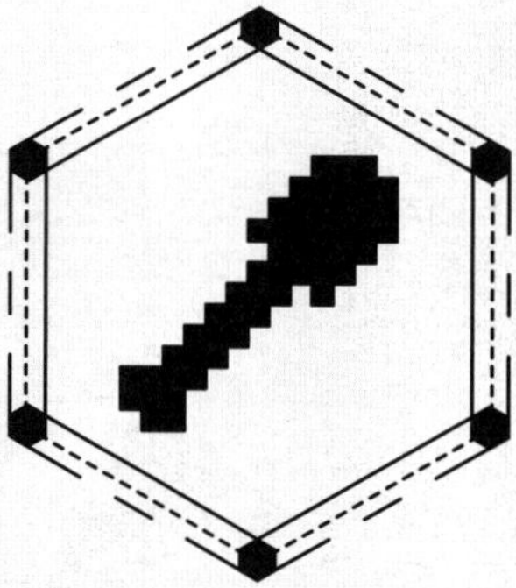